마라나타

일곱교회 이야기 두 번째

마라나타 / 일곱교회 이야기 두 번째

1판 1쇄 발행 2021년 1월 22일
지은이 소향

발행인 장진우
편집 김문석 | 디자인 김현주

펴낸곳 호산나출판사
등록 제 2-0000호(2005.9.27)
주소 경기도 안양시 벌말로 123 909호
전화 1644-9154
홈페이지 www.hosanna.co.kr
인쇄 창영프로세스
가격 12,000원

ISBN 979-11-89851-21-7

마라나타

소향

두 번째

일곱 교회 이야기

HOSANNA

삶은 영원에 대한 기회요
영원의 표본이다

차례

07
Chapter

사데 교회

Revelation

1장
이름이 있는 곳

무릇 자기 목숨을 보존하고자 하는 자는 잃을 것이요
잃는 자는 살리라

눅 17:33

두아디라, 사데. 두 교회의 이름은 모두 복수로 기록되어 있다. 앞서 설명한 바와 같이 두아디라와 같은 곳들, 사데와 같은 곳들이라고 기록된 것은 미국의 서울을 한국의 뉴욕으로 비유해 말하는 것처럼 두아디라, 사데와 같은 지역이 아시아에 여러 곳 있었음을 의미한다. 이것은 두 지역이 어느 부분에서 공통적인 영적 세력이 존재한다고 볼 수 있는 단서다.

그와 같은 성격의 도시나 성읍이 곳곳에 있다는 점은 그만큼 많은 이들이 추구하고 갈구하는 것이 충만한 곳이라는 사실을 보여준다. 오늘날의 현대인들도 뉴욕이나 런던 같은 대도시에 자신의 욕구를 채워줄 수 있는 것이 있다고 생각한다. 대도시의 유명한 곳을 가보고 싶어 하며 유명한 음악을 듣거나 연극을 보고 싶어 한다. 그런 부분에서 두아디라와 사데 지역은 공통적인 영적 세력 즉, 문화의 발생지에서 나타날 수 있는 영적인 세력이 존재한다는 것을 추측할 수 있다.

사람들의 욕구가 충만하고 그 욕구가 탑을 쌓은 이런 곳은 성경에서 바벨론과 같은 도시로 비유한다. 이를 가시적 단어로 표출하자면 바벨

11

론이라는 말이 꽤 적당할 것 같다.

바벨론적인 성향을 띠는 두 도시들(두아디라, 사데)에 서로 다른 부분이 있다면 그것은 하나는 보이는 바벨론이요 하나는 보이지 않는 바벨론이라는 점이다.

두아디라는 바벨론의 세력이 활동하는 주 무대요 실제적인 성읍이자 도시라고 할 수 있다. 뉴욕, 홍콩, 도쿄, 서울 같은 성읍이며 많은 민족과 경제, 정치, 문화가 융합되어 있는 실제 지역을 상징한다.

반대로 사데는 모든 곳에 존재하지만 보이지 않는 바벨론의 영역이다. 계 17장에 나오는 사치와 음란에 빠진 여자가 그 상징이라고 할 수 있다. 어떤 분야에서든 소위 상위 1%에 속하는 사람들의 세계라고 말하면 더 쉽게 이해할 수 있을 것이다.

이에 대한 근거는 사데 교회 사자에게 보내는 서신의 '이름을 가진 자'라는 말에서 찾을 수 있다. 말 그대로 有名(유명)은 '이름을 가진다'라는 뜻이며 예수님은 이를 '행위'라고 정의하신다.

즉, 사데 교회 사자뿐 아니라 사데에 사는 사람들이 하고 있는 주된 행위는 권력, 물질, 재능 같은 것들을 통해 자신의 명성을 얻고자 하는 데 있다는 뜻이다. 사데 지역의 사람들은 이러한 행위에 대해 매우 집중하고 있다는 것을 알 수 있으며 사데 교회 사자 또한 이러한 행위를 하고 있다는 것을 예수님은 지적하고 있다.

사람이 유명해질 수 있는 분야는 매우 다양하다. 위대한 예술가나 유력한 정치인이 될 수도 있고 돈을 많이 벌어서 유명해질 수도 있다. 혹은 명예로운 일을 한다거나 심지어 목회자가 되어 유명해지는 경우도 있다. 나쁜 쪽으로도 유명해질 수도 있을 것이다. 히틀러가 그러한 경우다.

경제적으로는 빌 게이츠, 스티브 잡스, 종교적으로는 빌리 그레엄, 정치적으로는 슈레더 총리나 빌 클린턴, 가수 비욘세나 유명한 소설가인 J. K. 롤링, 톰 크루즈, 슈바이쳐 박사 등 각 분야엔 유명한 자들이 있게 마련이다.

어느 도시나 어느 나라나 어느 민족이든 상관없이 사회에서 이렇게 상위를 차지하는 유명한 사람들이 있게 마련이며 이들은 원하든 원하지 않든 이름을 떨치고 권력을 얻게 된다.

따라서 이러한 위치에 있는 자들 즉, 상위 1%(저자 주. 가시적 상상을 위해 상위 1%라고 명명한다)라고 하는 사람들은 이름을 얻기 위해 모든 노력을 기울이고 이 이름에서 오는 권력을 놓지 않기 위해 최선을 다하는 것을 자주 목격한다.

이것을 우리는 보이지 않는 바벨론이라고 칭할 수 있다. 계 17장의 '여자'는 모든 세대에 걸쳐 바벨론, 메대, 바사와 같은 제국 안에서 기생해 제국들의 명맥을 이어주고 있는 문화를 상징한다고 추측해 보는 바다. 그 이유는 제국들이 살아남을 수 있는 가장 중요한 도구가 문화였기 때문이다. 정치, 경제, 우상 숭배의 절차나 사람들의 마음을 모아주는 음악과 다양한 예술들은 많은 민족을 융합해야 하는 제국들에겐 가장 필요한 그물망과 같은 시스템이었다. 문화와 제국의 존망은 필연적이었고, 서로가 서로에게 기생적이었다. 나라의 흥망이 문화의 흥망과 연결되며 문화의 발전이 나라의 발전 또한 이루어내기 때문이다.

바벨탑을 쌓기 위해 한 언어가 필요했던 것처럼 문화는 많은 이들을 하나로 모으고 욕망을 이루기 위한 중요한 도구였다. 이러한 시스템은 정치, 경제, 예술에 걸쳐 진보되고 발전되어 인간의 사회 안에 깊은 뿌리를 내리고 있다. 이러한 줄기에서 가장 상위를 차지해 그것을 더 거대하게 만드는 존재들이 바로 뛰어난 이름을 얻는 자들이다.

사데는 이러한 1%의 영역을 일컬으며 사데 교회는 이러한 영역 안에 세워진 교회이고 사데 교회 사자는 이 교회 위에 세우신 하나님의 종이라고 할 수 있다.

살았다 하나

예수님은 말씀 가운데 역설적 표현을 자주 사용하셨다. '네 환난과 궁핍을 알거니와 실상은 부요한 자…자칭 유대인이라 하나 실상은…사단의 회…'(계 2:9), '무릇 자기 목숨을 보존하고자 하는 자는 잃을 것이요 잃는 자는 살리라.'(눅 17:33)처럼 성경에선 예수님의 역설적 표현을 자주 볼 수 있다.

그러나 사실 말이 역설이지 '실상'의 대부분은 우리가 잘못 알고 있는 경우가 많기 때문에 예수님은 이렇게 말씀하시는 것뿐이라고 생각한다. 세상은 '어떤 길은 사람이 보기에 바르나 필경은 사망의 길과 같다'는 잠언서의 말씀과 같은 역설적인 진리가 우리 주위를 둘러싸고 있다.

우리가 보기에 부자로 보이는 사람이 하나님의 눈에는 지극히 가난한 자일 수 있고 우리의 눈에 거룩해 보이는 바리새인이 하나님의 눈에는 독사의 자식이나 다름없다고 여겨질 수 있다. 이것은 단순히 하나님께서 그 사람들을 그와 같이 여기셔서 정의하시는 말씀이 아니다. 우리가 아는 실상이라는 것은 지극히 눈에 보이는 것일 뿐, 그 뒤에 가려진 진실을 우리는 어느 땐 단 하나도 발견하지 못할 때가 허다하다.

사데에 있는 이름 있는 사람들 틈에서 예수님의 눈에 보이는 사데 교회 사자의 '실상'은 살아있다고 하지만 이미 죽음이라는 상태에 머물러 있다고 정의하신다. 그렇다면 성경이 말하는 죽음의 상태는 무엇일까.

요일 5:12절을 보자. '아들이 있는 자에게는 생명이 있고 하나님의 아들이 없는 자에게는 생명이 없느니라'. 이 구절에서 우리는 죽음의 상태가 생명이 없는 사람의 상태를 뜻한다는 것과 그 생명이 하나님의 아들 즉, 예수 그리스도를 뜻한다는 것을 알 수 있다.

또, 예수님은 요 6:53절에서 '내가 진실로 진실로 너희에게 이르노니 인자의 살을 먹지 아니하고 인자의 피를 마시지 아니하면 너희 속에 생명이 없느니라'라고 말씀하신다. 인자의 살과 피는 인간의 영적인 생명의 양식이 되어주시는 하나님의 말씀을 뜻한다.

즉, 요일 5:12절과 요 6:53절 모두 예수 그리스도가 생명의 근원이라는 것과 말씀이신 예수님을 믿지 않으면 우리 안에 생명이 없음을 피력하고 있다.

더 쉽게 말하면 예수님이 그 안에 있는 사람은 '산 사람'이요 없는 사람은 '죽은 사람'이라는 뜻이다. 죽음은 어떠한 생물을 막론하고 '생명이 없는 상태'를 뜻하기 때문이다. 특별히 인간은 육체의 생명뿐 아니라 영의 생명이 없음으로 인해 영원한 죽음에 이를 수 있다는 것을 성경은 밝히 말하고 있다.

그러므로 사데 교회에서 '살았다 하나 실은 죽은 자'라는 것은 육체는 누구보다도 살아있는 것처럼 보일지 모르나 실은 영적인 생명이 없는 상태를 의미한다. 사데교회 사자의 상태는 한 마디로 예수 그리스도가 그 안에 없다는 뜻이다. 생명이 그 안에 없으므로 죽음의 상태에 머물러 있다는 뜻이다.

이는 생명이 없게 된 아담의 후예들, 예수 밖의 사람들과 다를 바 없는 상태와 같다. 주님은 사데 교회의 사자가 예수님에 대한 믿음이 없으므로 생명 없이 사는 자들과 다를 바 없다는 경고장을 날린 것이다.

이는 매우 무서운 말씀이다. 그런데도 주님은 아직 그에게 말씀하고 계신다. 이것은 주님이 그를 살리실 의지가 있음을 의미하고 이것이야말로 사데 교회 사자가 붙들어야 할 희망이다.

말씀을 처음 믿을 때 그 말씀은 씨가 땅에 심어지듯 우리 안에 머물러 있다. 그러나 우리는 그 믿음이 자랄 수 있도록 성령께 의탁할 뿐 아니라 지켜야 하며 하나님에 대한 완전한 신뢰로 씨가 땅을 향해 뿌리를 내리도록 해야만 한다.

예수님의 비유적 말씀처럼 아무리 말씀이란 씨가 우리 안에 심어졌어도 새가 씨를 먹을 수도 있고 가시덤불에 뒤덮여 자라지 못해 말라 죽을 수도, 돌밭에 자라 뿌리를 내리지 못해 죽게 될 수도 있다.

사데 교회 사자는 영적인 바벨론에서 솟아난 가시덤불에 가로막혀 심어진 씨앗이 말라죽을 지경에 이르게 된 것임을 추측할 수 있다. 주님은 이렇게 급박한 상황에서 서신을 통해 진실을 알리시고 그가 주님께 도움을 요청하기를 촉구하신다. 누구에게 도움을 청해야 하는가. 답은 정해져 있다.

그분은 오직 예수 그리스도 한 분 뿐이다. 굳어진 사데 교회 사자의 마음을 개경 하여 좋은 땅으로 만드셔서 생명이 다시 자라게 하시는 분, 예수님에게 도움을 구해야만 한다. 사데 교회 사자뿐 아니라 그 누구라도 주님의 생명 말씀을 들었다면 그때부터 나는 '나'라는 땅을 온전히 예수님의 손에 맡겨야만 한다.

예수님은 우리에게 성령님을 보내셔서 겨자씨만 했던 믿음이 커다란 나무가 되게 하시기까지 자라게 하신다. 성령님은 그 나무에 열매가 맺히게 하시고 그 안에 있는 생명을 다른 곳으로 퍼지게 하신다. 이것이 생명을 지킬 수 있는 원동력이다.

또한 생명에 대해 우리가 알아야 할 것은 생명은 반응한다는 사실이다. 매일, 물을 주면 한 치라도 자라고, 바람이 불면 움직이며 햇살에 반응한다. 고양이 모양으로 아무리 똑같이 인형을 만들어도 그 인형은 생명이 있는 고양이처럼 반응하지 않는다. 생명이 있는 고양이는 배가 고프면 울어대고 목이 마르면 물을 먹는다. 그 때문에 생명이 있는 존재는 사랑할 수 있는 대상이 된다는 것을 우리는 스스로 깨닫게 된다.

뚱뚱한 고양이든, 홀쭉한 고양이든, 성질이 못된 고양이든, 순한 양 같은 고양이든 생명이 있는 고양이는 사랑할 수 있는 대상이 되지만 고양이 모양을 한 인형은 일주일만 지나도 먼지가 쌓일 수 있다. 그것은 살아 있는 것이 아니기 때문이다.

마찬가지로 하나님과 사랑을 나눌 수 있는 존재는 생명이 있는 사람이다. 하나님의 말씀을 들을 수 있고 하나님의 분노에 반응한다는 것은 그 자체로 생명이 있다는 것을 증명한다. 죽어 있는 상태는 하나님이 말씀하시는 그 어떤 것도 들을 수가 없다.

암 환자든 감기에 걸린 환자든 그 환자는 살아있기 때문에 나을 수 있는 가능성이 존재한다. 그러나 죽어있는 시체는 그 안에 생명이 없기 때문에 반응하지 않는다. 이와 같이 하나님의 말씀이 사데 교회 사자의 삶에서 무용지물이 된 것은 그가 죽어있는 상태요, 생명이 없는 상태이기 때문이다.

사데 교회 사자에 대하여 κατα(kata:대응하는, 대적하는, against)라는 단어를 사용하지 않으신 건 어쩌면 예수님이 대적하시고 분노하실지라도 반응할 수 있는 생명이 그 안에 '거의' 존재하지 않았기 때문이 아니었을까.

사데라는 지역은 사람의 자아가 자신의 삶을 주장하도록 부추기는 곳이다. 자아를 높이고 자아를 신뢰함으로써 그 안에 계신 성령께서 그에게 아무것도 하지 못하게 미혹하는 곳이다. 사데 교회 사자는 이와같은 세력에 미혹되었던 것 같다.

그는 예수님을 의지하는 것을 게을리하면서 점차 어떻게 받았는지도 잊게 될 만큼 성령께서 손을 놓으시는 시간을 허용했음이 분명하다. 이러한 일이 반복되어 어느새 사자 안에 있던 생명은 그 힘을 점점 잃게 되다가 급기야는 주님의 말씀과 같이 죽음의 상태로까지 가게 되었음을 추측할 수 있다.

히브리 기자는 이러한 반복적인 허용이 어떠한 결과를 낳을지 알고 있었다. '오직 오늘이라 일컫는 동안에 매일 피차 권면하여 너희 중에 누구든지 죄의 유혹으로 강퍅케 됨을 면하라'고 경고한다. '오늘이라 일컫는 동안', '매일'이라는 때가 전제된 것을 볼 때 성령을 따라 행하는 우리의 행위도, 죄로 우리의 마음이 강퍅해지도록 허용하는 때도 '매일'이라는 반복적인 타임라인 안에 있다는 것을 알 수 있다.

그렇다면 사데 교회 사자는 과연 다시 살아날 수 있을까. 죽음의 상태까지 갔다는 그의 심각한 상황은 다시 회복될 수 있는 가능성이 있을까. 물론 당연히 가능하다. 만일 그의 회생이 불가능했다면 예수님은 그에게 서신을 보내시지도 않았을 것이다.

실은 우리가 영의 생명을 얻은 것 자체가 기적이라고 할 수 있다. 홍해가 갈라져 이스라엘 백성이 그 가운데를 건넌 것보다, 예수님이 공생애 기간에 행하셨던 그 어떤 기적보다 더 큰 기적은 우리가 얻은 구원이다.

예수님이 우리 안에 오셔서 죽었던 우리를 살리시는 일은 마치 에스겔의 마른 뼈 골짜기의 환상과 같은 기적이다. 들을 수도 반응할 수도 없는 뼈들이 하나님의 말씀에 의해 저절로 맞춰지고 살이 붙어 생기가 들어간 그 같은 일이 우리에게 일어났다고 볼 수 있다.

예수님은 우리가 생명을 얻는 방법에 대하여 이렇게 말씀하신다. '죽고자 하는 자는 살 것이요 살고자 하는 자는 죽을 것'이다. 이는 생명에 관한 확고한 법칙이고 불변하는 진리다.

그러나 사데 교회 사자는 이 법칙과는 반대로 진행했던 것 같다. 예수님의 영광이 아닌 자신의 영광, 예수님의 이름이 아닌 자신의 이름을 높이길 원했던 것 같다. 그가 결과적으로 죽음의 상태(νεκρος:죽은, 죽어 있는)에 이르게 된 것은 이 때문이 아닌가 한다. 분명한 것은 죽고자 하는 자에게 주어지는 생명의 복이 살고자 했던 사데 교회 사자에게는 주어지지 않았음을 확인할 수 있다는 것이다.

그렇다면 어째서 그는 여기까지 온 것일까. 그도 하나님의 종이었기에 부르심을 알고 그의 사랑을 알았을 텐데 어쩌다가 죽음의 상태가 되기까지 깨닫지 못하고 여기까지 이르게 된 것일까.

사람은 고난을 받을 때 깨닫는다. 고난 때문에 죄를 그치고 자신을 돌아보게 된다. 죄가 무엇인지를 깨닫고 예수 그리스도 앞에 내 모습이 어떠한지를 확연히 보게 된다. 그 때문에 오히려 고난은 그리스도인으로 하여금 주께 더욱 가까이 다가가게 한다.

이 법칙은 모든 그리스도인들에게 적용된다. 요한도 처음 자신을 소개할 때 다른 성도들이 그러했던 것과 같이 고난받는 형제임을 강조했다. 또한 우리는 역사 속에 있었던 많은 믿음의 선진들이 지나온 과정과 말씀을 통해 이 법칙이 한결같이 그들에게도 적용되었음을 유추할 수 있다.

그러나 반대로 그리스도인들에게 엄청난 부와 명예와 권력이 주어진다면 어떻게 될까. 사단은 이때부터 전략을 달리한다. 역사를 통해 우린 알 수 있다. 수많은 그리스도인이 안전과 평안과 부와 물질과 권력이라는 사단의 덫에 걸려 믿음을 잃고 음부로 내려갔다. 권력을 가진 교회는 반드시 부패했고 멸망했다. 고난으로 자신의 자아를 죽이는 대신 세상에서 살고자하는 욕망에 사로잡히게 만드는 전략을 내민 것이다.

사데 지역은 그 자체로 엄청난 유혹이 존재하는 영적인 지대다. 사단은 그 때문에 사데 교회 사자를 핍박하기보다 유혹하는 전략을 택했다. 명성을 높이면 더 많은 이들을 주님께 돌아오게 할 수 있을 것이라는 합리적 명분을 가지고 그를 미혹했을 것이다. 이러한 덫에 걸린 그는 하나님의 뜻을 좇는 것보다는 자신의 명성을 좇는 것에 더욱 열심을 가졌을 것이다.

이것이 그가 이뤄야 할 사명이라고 생각했을 것이다. 이것은 명백한 사단의 전략이었다. 사명으로 포장한 사단이 주는 우상이었다. 하나님의 사명을 가장한 탐심이었고 이것이 바로 사도 바울이 말한 탐심의 우상이었다.

수많은 우상들이 사데에 존재하지만, 그 어떠한 우상들보다 더 큰 우상은 '권력과 욕망'이라는 우상이다. 자신의 이름과 명예보다 더 소중한 것이 없는 영역이다. 예수 그리스도의 가르침은 생명을 믿고 지키고 완전한 곳으로 나아가는 데 있다.

그 생명을 지키는 데 있어 자기를 부인하고 자신의 욕심과 탐심의 우상을 내려놓는 일은 필수적이다. 사데는 예수님이 말씀하시는 자기 부인과는 거리가 먼 지역이었고 사데 교회 사자는 어느새 자신도 모르게 그곳의 영적인 분위기에 취해 있었을 것이다. 살아있는 이름을 얻기 위해 저도 모르게 분주했었던 것이다.

그러나 우리는 사데 교회 사자의 행위를 향해 정죄하는 것을 삼가야 한다. 하나님이 만약 우리를 사데 지역에 보내셨다면 이러한 유혹에 취해 넘어졌을지도 모른다. 그 누구도 호언장담할 수는 없다. 오직 예수 그리스도의 은혜만이 어떠한 상황에든지 우리를 악으로부터 지키실 수 있을 뿐이다.

그렇다. 이러한 곳에서 모든 이들이 바라보는 우상을 멀리하고 자신의 명성에 신경 쓰지 않는다는 것은 매우 어려운 일이었을 것이다. 저도 모르게 자신의 명성에 흠이 가는 것을 두려워하고 다른 사람의 이름이 자신의 이름보다 더 유명해지는 것에 신경을 쓰고, 그 명성을 잃어버릴까 두려워 노심초사하게 되었을 것이다. 이것이 죽은 상태였다.

'사울은 천천이요 다윗은 만만'이라고 불렸던 것에 두려워했던 사울 왕은 백성이 자신을 떠나게 될까 봐 두려워 사무엘을 기다리지도 않고 제사를 지냈다. 그는 명성에 도취돼 있었고 그것을 잃을까 두려워 하나님을 버리고 명성을 택했다. 하나님은 그를 버리셨고 대신 하나님의 뜻을 따르며 하나님의 생명을 붙잡기 위해 목숨을 거는 다윗을 택하셨다.

사데 교회 사자는 하나님 앞에 부르심을 받아 이름을 얻기에 혈안이 되어 있는 사데 지역으로 파송되었다. 사데 지역에 있는 그들을 인도하여 생명의 복음을 전하게 하기 위해 사자에게 명성을 허락하기도 하셨다.

그러나 사데 교회 사자는 세월이 지나면서 그 본질적 사명을 망각하고 점점 자신의 명성만을 신경 쓰는 상태가 되었음을 예수님은 지적하신다. 이러한 그의 모습은 그야말로 죽은 시체나 다름없는, 생명이 없는 상태였다.

Revelation

2장

굳게 하라

너희 마음을 위로하시고 모든 선한 일과 말에
굳게 하시기를 원하노라

살후 2:17

몇 개의 이름들

　주님은 사데 교회 사자에게 너는 일깨워 그 남은바 죽게 된 것을 '굳게 하라'라고 명령하신다. 여기서 나오는 '굳게 하라'는 말은 어떤 의미일까.
　이 단어의 의미를 파악하는데 앞서 우리는 사데 교회 사자가 과연 무엇을 굳게 해야 할지를 알아보아야 한다. 그가 굳게 해야 하는 것은 '그 남은 바 죽게 된 것'이다. 이것은 곧 그에게 '남은 바 된 것'이라고 할 수 있다. 이에 대한 원어는 τὰ λοιπὰ(ta loipa)인데 이에 대한 특징을 살펴보면 다음과 같다.

　1) 중성형 복수 명사절이다.
　2) 이제 곧 죽으려고(about to) 하는 것들이다.
　3) 주님이 굳세게 세우라고 하시는 것들이다.
　4) 예수님의 나타나신 모습 – 일곱 영과 일곱별을 가진 이 – 과 연관이 있다.

　1)을 보면, 사데 교회 사자가 굳게 해야 하는 대상은 '중성형의 복수

형태'를 띤(헬라어는 단어의 성(性)이 있다. 남성, 여성, 중성으로 나뉜다, τὰ λοιπὰ는 형용사적 대명사절이자 중성형이다) 어떤 존재들인데 예수님은 그들의 상황이 2)와 같이 이제 막 죽음에 넘겨지려는 상태라는 것을 보여주신다(εμελλον[~하려고 하다, about to]과 [αποθανειν [απο(넘겨지는)와 θανειν(죽음)]이 합해서 '이제 막 죽음에 넘겨지려는'이라는 뜻이다).

이에 대한 또 다른 단서 3)과 가장 밀접하게 살펴볼 수 있는 단서는 예수님의 모습이 일곱 영과 일곱 영을 가진 분으로 사데 교회 사자에게 나타났다는 사실이다. 그분의 목적은 어디까지나 양들의 양육과 인도에 있다.

주님은 그 종도 인도하시지만 그 종을 통해 양들을 양육하시고 인도하시는 것이 그분의 궁극적인 목적이다. 따라서 단서 3)이 의미하는 것은 그 남은 바 된 것이 사데 교회 사자가 양육해야 하는 양들과 연관이 있다는 것을 알 수 있다.

그렇다면 주님은 그의 종들을 통해 성도들을 어떻게 양육하시며 어떻게 인도하실까. 그것은 4)번과 같이 오직 예수님의 이름으로 오신 일곱 영, 성령께서 종들에게 말씀하시는 것을 통해 이뤄진다.

따라서 사데 교회 사자가 일깨운다는 것은 다시 말해 그가 성령의 음성에 귀를 기울일 수 있게 되었다는 뜻이다. 그가 일깨지 못했을 때는 알지 못했으나 일깨운 다음 알 수 있는 대상은 무엇일까. 또 그가 '굳게 해야' 할 대상은 무엇일까. 이제 막 죽음에 넘겨지려고 하나 아직은 아닌 'τὰ λοιπὰ'는 무엇일까.

이 대상은 4절에 나오는 '몇 개의 이름들'로 추측된다. '이름들'은 중성형 명사로 복수 형태다. τὰ λοιπὰ가 가진 형용사적 대명사이면서 중성형인 구절과 같은 형태다. 그들은 사데 교회 안에 있으며 사데 교회 사자가 스스로를 일깨워야만 볼 수 있는 '적은 명성'을 가진 자들이다.

'τὰ λοιπὰ'가 이 '몇 개의 이름들'을 뜻하는 또 다른 근거는 '굳게 하라'는 단어의 의미에서 찾아볼 수 있다.

'너희를 견고케 하려 함…'(롬 1:11), '이는 너희를 굳게 하고…'(살전 3:2), '모든 선한 일과 말에 굳게 하시기를…'(살후 2:17), '온전케 하시며 굳게 하시며…'(벧전 5:10) 등에서 στηρίζω(sterizo)는 '굳어지게 하다', '견고하게 하다', '변하지 않게 하다'라는 뜻을 볼 때 그러하다.

이 구절들이 의미하는 바를 종합해 보면 예수님이 명령하신 '굳게 하라'는 말은 주로 목자가 양을 돌보고 그들의 믿음을 굳세게 하는 것과 연관되어 있다는 것을 알 수 있다. 물론 이 단어는 자기 자신의 믿음을 굳게 하라는 의미로도 사용된다.

그러나 사데 교회 사자에게 쓴 서신은 사자를 위해서 기록된 것이기도 하지만 결국 교회의 양육을 위한 말씀이기에 더욱 이러한 해석이 가능하다고 본다. 사자에게 나타나신 예수님의 모습이 교회의 양육과 연관되어 있다는 것을 보면 말이다.

이러한 단서들을 종합해 볼때 그가 굳세게 해줘야 할 중성형 대명사들, 그가 일깨워 봐야만 할 대상인 τὰ λοιπὰ는 다름 아닌 4절에 나오는 '몇 개의 이름들'이라는 것을 알 수 있다.

예수님은 이 말씀을 통해 남은 바 된 이름의 영혼들뿐 아니라 사데 교회 사자 또한 살리려 하신다는 것을 엿볼 수 있다. 그가 그 남은바 죽게 된 것을 굳게 하기 위해선 자신을 일깨워야 하고 기억해야 하고 지켜야 하고 회개해야만 하기 때문이다.

이로 인해 예수님은 처음 그에게 부어주셨던 성령이 그에게 다시 임하기를 원하신다. 사자 안에 희박해져버린 성령의 불씨가 다 꺼지기 전에 다시 그가 정제하고 돌이키고 그분을 바라보기를, 그의 음성에 귀를 기울이길 원하신다.

그 때문에 이제 '남은 바 된 그 이름들'은 사데 교회 사자에겐 영적 생명과도 같다. 그가 그들을 다시 찾지 못한다면, 다시 말해 일깨지 않는다면 주님은 어떻게 해서든 그들의 영혼을 찾으시겠지만 사데 교회 사자는 깨닫지 못한 채 영원한 죽음을 맞이하게 될 것이다.

만약 그가 회개하지 않는다면 예수님은 그를 대적하시지도 더 이상 징계하시지도 않고 세상이 도적같이 주님을 보게 될 그 날 그도 함께 멸망에 들어가게 놔두실 것이다. 우리에게 삶을 사는 동안 더이상의 징계와 채찍이 없는 것보다 더 무서운 저주는 없다.

사자에게 맡겨진 영혼들의 믿음을 굳세게 하기 위해서는 먼저 사자 스스로가 철저히 회개하고 믿음 안에 서 있어야만 하는 것이다.

따라서 그가 남은 자들을 굳게 하는 것은 곧 자신의 영혼이 다시 하나님의 손에, 성령의 이끌리심에 들어간다는 것을 의미하며 동시에 그가 주님의 심판의 날에 도적같이 주님을 맞지 않을 것임을 의미하고 있다. 참으로 하나님의 지혜는 종들의 생명도 성도들의 생명도 살리는 것에 있음을 확인할 수 있다.

생각하라, 지키라, 회개하라

사데 교회 사자에게 남은 바 된 자들, 그에게 남은 영혼들을 굳세게 하고 죽음의 상태에 빠진 자신의 영혼을 다시 살아나게 할 수 있는 방법은 세 가지다.

생각하라, 지키라, 회개하라.

무엇을 생각하라는 것인가. 또 무엇을 지키며 무엇을 회개하라는 것인가. 주님의 말씀을 다시 한번 보자.

그러므로 네가 어떻게 받았으며 어떻게 들었는지 생각하고 지키어 회개하라 만일 일깨지 아니하면 내가 도적같이 이르리니 어느 시에 네게 임할는지 네가 알지 못하리라(계 3:3)

여기서 나오는 μνημονεύω(mnemoneuo)는 '기억하다', '되새기다'라는 뜻이다. 그러니까 더 정확히 말하면 예수님의 '생각하라'라는 말씀은 '기억하고 되새기라'는 명령으로도 해석할 수 있다.

사데 교회의 사자가 기억해야 하고 되새겨야 할 것은 '그가 어떻게 받았고 어떻게 들었는지'에 관한 것이다. 그렇다면 과연 그가 무엇을 받았다는 것인가. 대체 무엇을 그가 과거에 들었다는 것인가.

히브리서는 이렇게 설명하고 있다. 히 3:14절은 우리가 시작할 때 확실한 것을 견고히 붙잡아야 한다고 말한다. 2:1절은 3:14절에서 말하는 견고히 붙들어야 할 것이 '들은 것'이라고 정의한다. 곧바로 이 들은 것이 하나님의 표적과 기사와 여러 가지 능력들과 성령의 나눠주신 것들과 하나님이 직접 증거하신 말씀이라고 설명한다.

이 '들은 것'은 히 1:1절에서 이스라엘 자손들을 통하여 말씀하셨던 이 진리가 하나님의 아들이신 예수 그리스도를 통하여 전해졌다고 선포한다.

6장에 가서 히브리 기자는 이 진리를 그리스도의 도리의 초보와 사도들이 닦은 터-회개, 믿음, 세례, 안수, 부활, 영원한 심판-와 완전한 길로 구체화한다. 히브리 기자의 목적은 우리가 이러한 초보와 터를 다시 닦지 말고 완전한 데로 나아가기를 촉구한다. 이것이 히브리서가 기록된 목적이었다.

사데 교회 사자는 히브리 기자가 정의한 '들은 것'과 '확실한 것'을 다시 기억해야 하고 붙들어야 한다는 것을 알 수 있다. 그러나 그는 완전한 데로 나아가는 것은 고사하고 그리스도의 도리에 대한 초보와 그 터를 다시 닦아야 할 처지에 놓여 있다는 것을 유추할 수 있다.

그 때문에 '기억하라, 생각하라'는 예수님의 말씀은 그분의 입장에선 굉장히 슬픈 명령이다. 사데 교회 사자는 예수님이라는 존재 자체를, 그분에 대한 믿음을 통째로 까먹고 있을 만큼 심각한 상태였기 때문이다. 그런데도 주님은 그분의 모든 자존심을 내려놓고 사데 교회 사자에게 오셔서 말씀하고 계시는 것이다.

그는 기억해야 한다. 그가 예수님의 사랑을 어떻게 받았는지 처음에 들었던 말씀이 무엇이었는지, 말씀 가운데 어떻게 뜨거운 심령을 가졌는지, 어떠한 믿음으로 주님의 부르심에 응했는지를 기억해야 한다.

또한 그는 이제 기억했으므로 다시는 잃지 않도록 지켜야만 한다. 그가 잃어버린 것은 지키지 않았기 때문이다. 사데라는 극악한 영적 지대에서 자신의 명성을 지켜내는 데는 성공했지만, 그 때문에 예수님과의 사랑과 그를 향한 믿음을 지키는 데는 실패했다.

우리는 이러한 사레 교회 사자의 일이 다른 사람에게만 일어날 수 있는 일이라고 생각해서는 안 된다. 우리 안의 욕망은 끊임없이 나를 세우고 나를 높이고 나의 입지를 다지는 것을 추구한다. 비단 상위 1%의 사람들만 그러는 것이 아니라 인간은 모두 그런 욕망과 탐심을 추구할 수밖에 없는 자아를 가지고 있다.

인간의 욕망은 그 크기가 크면 클수록 더욱 파괴적이고 강력한 힘을 지닌다. 능력이 적은 자는 스스로 생각하길 '나는 적고 비루하니 무엇을 할 수 있겠는가'라고 생각하기에 그만한 탐심을 가질 생각조차 하지 않는다. 그 때문에 능력이 많은 부자는 하나님 나라를 소유하기가 그만큼 힘들 수밖에 없다.

그러나 능력이 적었던 자들도 만일 하나님의 높이심으로 많은 이들 앞에 서는 날이 이르면 스스로가 많은 능력을 갖췄다고 착각하게 된다. 이렇게 되면 그는 많은 자들이 가진 위험성과 다를 바 없는 위험한 생각을 지니게 된다.

사람은 누구나 다 부자가 될 위험성을 지니고 있다. 여기서 말하는 '부'는 단순히 물질적인 부를 뜻하지 않는다. 명예, 권력, 재능, 이 외에도 인간이 자랑할 수 있는 부적요소는 무궁무진하다. 우리의 자아는 이러한 '부'를 언제나 추구하고자 한다. 이 때문에 예수님은 우리 안에 있는 부한 마음을 경계하시며 우리에게 모든 것을 내려놓고 주님을 따르라고 말씀하신다.

우리는 매일 자신을 돌아보아야 한다. 혹 예수님이 하셨던 말씀을 잊어버린 것은 아닌지, 내가 하는 일들 때문에 주님을 잃어버리고 그분이 주신 것들을 지키지 못한 채 살아가고 있는 것은 아닌지를 돌아보아야 한다.

성도가 하나님이 처음부터 주셨던 것을 기억하고 난 후 지키기로 마음먹었다는 것은 믿음의 불씨가 다시 살아났다는 것을 의미한다. 그때부터 성령은 우리 안에서 활동하기 시작하신다. 그리고 그분은 우리가 무엇을 놓고 회개해야 할지를 말씀하실 것이다. 그 뒤 우리는 바로 회개하는 행위를 믿음으로 행해야 한다. 회개는 단순히 울며 짜며 잘못했다고 말하는 것이 아니다.

우리가 잘못했다고 말씀하시는 우리의 죄악에 대하여 십자가 앞에 믿음으로 내어놓아야 한다. 또한 철저하게 성령께 의지하며 주님께 도움을 청해야만 한다.

그렇게 믿음으로 순종하게 되면 우리는 스스로 놀라우리만큼 성령 안에서 생명의 삶을 살 힘을 보유하게 된다. 이와 같이 하면 사데 교회 사자도 죽음의 상태에서 깨어날 수 있게 될 것이다. 만일 그가 이러한 행위로 하나님 앞에 나아간다면 그는 예수님이 찾으시는 몇 명의 영혼을 반드시 하나님 앞에 드릴 수 있을 것이다. 다시 찾은 그의 생명과도 같은 영혼들의 구원이 자신의 삶을 살리는 데 있음을 깨달았기 때문이다.

이 일이 쉬워 보일 것 같아도 사데 교회 사자에겐 매우 어려운 일일 것이다. 왜냐하면 그는 죄의 유혹으로 강퍅하게 된 마음을 지니게 되었기 때문이다. 살이 1kg 찐 사람이 살을 빼는 것보다 50kg 살이 찐 사람이 살을 빼기가 더 힘든 법이다. 웬만한 노력과 결심이 아니고는 살을 빼기가 힘든 것이다.

사데 교회 사자가 다시 기억하고 회개하는 것은 이보다 더한 결단을 요구한다. 살고자 해서 죽었으니 이제는 죽고자 해야 살 수 있다는 것을 주님은 말씀하신다. 그가 가진 모든 명성과 모든 능력을 잃어버릴 수도 있는 하나님의 분노에 자신을 내어 맡겨야 하는 상황에 처한 것이다.

올리가 호노마타

예수님은 4절에서 이렇게 말씀하신다.

그러나 사데에 그 옷을 더럽히지 아니한 자 몇 명이 네게 있어 흰 옷을 입고 나와 함께 다니리니 그들은 합당한 자인 연고라(계 3:4)

‘그러나’에 해당하는 ‘ἀλλὰ’(alla)는 ‘그러나, 그럼에도 불구하고,

nevertheless'라는 뜻이다. 그가 비록 지금 죽음의 상태에 있어서 누구의 영혼을 놓고 기도해야 하는지 또 어떤 일을 해야 할지 아무것도 느끼거나 알지 못할지라도 사데에는 구원해야 할 영혼들이 '너에게 아직' 있다는 의미다.

그렇다면 그가 지금 가지고 있는(εχείς : 가지고 있다, 현재형) '몇 명'의 특징을 한 번 살펴보자.

'몇 명'에 해당하는 헬라어는 ὀλίγα ὀνόματα(oliga honmata)이다. 이 말을 직역하면 '몇 개의 혹은 적은 이름'인데 앞서 설명한 바와 같이 '몇 명의 이름들, 영혼들'이 될 수도 있겠지만 사데 지역 안에서 '적은 **명성을** 가진 사람들'이라고도 추측할 수 있다. 이것이 그들의 첫 번째 특징이다.

또 그들은 지금 사데 지역 안에 있다. 사데 교회 사자가 찾고자 하면 찾을 수 있는 위치에 있다는 뜻이다. 그들 또한 '적긴' 하지만 어느 정도의 명성이 있는 자들로서 그가 양육하고 있는 교회를 알 만한 사람들일 수 있다. 이것이 두 번째 특징이다.

세 번째는 그들이 그들의 옷을 더럽히지 않았다는 점이다. 옷을 더럽히지 않았다는 것은 무엇을 뜻할까. 성경에서 옷은 주로 그 사람의 영적 상태를 비유할 때 사용하는 상징적인 물건이다.

대표적으로 슥 3:3~5절은 여호수아가 입는 옷의 '더러움'과 '깨끗함'

을 '죄로 물든 그의 영적 상태'와 '죄가 사함을 받은 영적 상태'를 상징한다. 약 5:2절에서도 '너희 재물은 썩었고 너의 옷은 좀먹었으며'라는 말씀을 통해 야고보는 그들의 영적 상태가 허무함에 있음을 보여준다.

마찬가지로 이곳 계 3:4절에서도 몇 명의 이름을 가진 그들이 사데 지역의 더러움에 자신을 더럽히지 않았다는 것을 의미한다.

그러나 여기서 우리가 알아야 할 사실은 그들이 더럽히지 않았다는 의미가 완전히 깨끗한 상태에 있다는 것을 의미하지는 않는다는 점이다. 예수님이 '앞으로' 그들이 흰옷을 입게 될 것이라고 말하는 것을 보면 그들이 하나님을 믿는 믿음으로 고군분투하고는 있으나 예수님의 깨끗케 하시는 온전함에는 이르지 않았음을 알 수 있다.

계 22:14절과 같이 두루마기를 빠는 행위, 자신을 스스로 거룩하게 하려는 의지가 믿음의 행위로 연결이 되듯 이곳에서 그 옷을 더럽히지 않기 위해 노력하는 자들의 믿음이 앞으로 주님의 거룩케 하시는 능력에 연결될 것임을 보여준다.

명성을 얻기 위한 많은 방법들은 비단 능력을 연마해서 얻어지는 데 있지 않다. 어떤 이는 돈으로 어떤 이는 자신의 몸을 상하게 할 수도 있고 또 어떤 이는 비열한 방법을 써서 자신과 비슷한 위치에 있는 이들을 깎아내리기도 한다.

이것뿐만 아니라 사데 지역의 이름있는 사람들은 다른이들도 자신들과 같은 문화를 누리며 살아나가길 원한다. 무리에서 어울리지 못하는 사람들은 대게 사회에서 외면당하기 마련이다. 같이 술도 잘 마시고 잘 노는 사람들이 더 인기가 많고 명성을 얻게 되며 사업 수완도 좋기 때문이다.

다니엘은 뛰어난 사람이었으나 그는 세상 문화에 동조하지 않았다. 하루에 세 번 예루살렘을 향해 기도하는 사람이었고 다른 귀족들과 명성있는 자들이 다 흥청망청 놀고 있을 때 그는 홀로 기도하며 하나님 앞에서 믿음을 지키고 있었다.

그가 사자 굴에 들어간 것은 어쩌면 그의 능력은 출중하나 다른 이들의 비위를 맞추는 것에 관심이 없어 세상에 속한 자들의 눈에 거슬렸기 때문이었을 것이다.

이러한 관례를 알고 있는 사데 지역의 대부분의 사람들은 더 큰 명성이 있는 자들을 두려워하고 하나님의 영광보다 자신의 영광을 더 사랑했다. 그들은 다른 사람들이 자신들처럼 사람들을 험담하거나 패역한 놀이를 즐기기를 원한다. 이에 장단을 맞춰주는 것은 명성이 적은 자들이 더 큰 명성을 얻기 위한 하나의 수단이 되기도 한다.

이와 같은 지대에서 서신에 나온 '몇 명의 사람들'이 그 옷을 더럽히지 않았다는 것은 매우 어려운 일이었을 것이다. 음담패설을 하는 곳에서 빠져나오고 그들과 어울리지 않으며 하나님을 믿는 믿음을 지켜나가기 위해 좋은 기회가 될 수 있는 세상의 제안을 거절하는 행위들은 명성을 얻고자 하는 자들에게는 어려운 선택이다.

모두가 다 원하는 그 자리에 앉기 위해 영혼을 더럽히는 세상에서 고군분투하며 때로는 자신의 명성이 높아질 기회를 내버리기도 하는 일이 있었다는 것을 주님은 보신 것이다.

주님이 말씀하신 '합당하다'라는 표현은 아마도 이러한 믿음의 결단이 그들에게 있었기에 이렇게 표현하신 것으로 보인다. 물론 이것은 나의 생각일 뿐이다. 세상의 제안을 거절하는 행위가 과연 하나님이 보시기에 합당한 것으로 보일지는 모르겠으나 최소한 죽고자 하는 자는 살 것이라는 주님의 말씀과는 일맥상통하는 행위로 보인다.

살아있는 자신의 이름을 얻기위해 패역함에 동조하는 것보단 온 힘을 다해 죄와 싸우고 살아있는 이름을 거절하는 행위가 주님께 더욱 '합당한' 행위가 아닐까 한다.

그 때문에 주님은 사데 교회 사자에게 예언적인 말씀을 전하신다. '그들이 흰옷을 입고 나와 함께 다니게 될 것이다'라는 말은 어떤 상황의 설명이 아니라 앞으로 어떻게 될 것이라는 그분의 예언적인 말씀이다.

마치 사드락, 메삭, 아벳느고가 믿음을 지켜 자신을 더러움에서 지키려 할 때 풀무불에서 예수님이 그들과 함께 '거니신' 것처럼 말이다.

하나님은 거룩하고자 하는 자들에게 더 온전한 거룩함을 허락하신다. 주님은 그들이 하나님 앞에 합당하였으나 더욱 온전한 자로 다닐 수 있도록 흰옷을 입혀주시겠다는 축복의 예언 즉, 약속을 그들에게 해주셨음을 알 수 있다.

믿음으로 믿음에 이르게 된다는 말은 이러한 경우를 놓고 말하는 것이 아닌가 한다. 우리의 작은 믿음이 예수님의 믿음을 만나 놀라운 일을 일으키는 것과 같이, 하나님을 두려워했던 고넬료가 하나님이 주시는 믿음을 통해 온전해질 수 있던 것과 같이 말이다.

주님이 사데 교회 사자에게 하시는 말씀은 이와 같지 않을까 한다.

'적은 이름을 가졌으나 믿음으로 그 옷을 더럽히지 않기 위해 몸부림을 치는 그 사람들은 반드시 내가 구원하고 그들과 함께 할 것이다. 그러니 사데 교회 사자인 너는 절대 이들을 놓치지 말고 일깨워서 그들을 찾으며 그나마 남은 그 영혼들을 양육하기에 힘써보라.'

그가 일깨우기 전엔 적은 명성을 가진 그들과는 아무 상관이 없었다. 왜냐하면 그 역시 사데에 사는 다른 이들과 같이 함께 놀고 먹고 마시며 명성을 얻기 위하여 자신을 더럽혔기 때문이다. 따라서 그는 더 큰 명성을 가진 자들에게 관심을 가질 뿐 적은 명성을 가진 사람은 그에 눈에 들어오지 않았을 것이다.

인간의 자아가 추구하는 것은 형편없다. 볼수록 인간의 마음엔 도무지 희망이 없음을 매 서신을 통해 발견한다. 이러한 자아를 가진 인간에게 예수 그리스도가 없다면 어떻게 희망을 가질 수 있을까.

그럼에도 하나님께 마음을 드리는 믿음이 있는 자는 이러한 인간의 본성을 발견함으로써 자신을 내어드려 거룩함에 이르기를 희망한다. 이는 오직 우리 안에 계신 예수 그리스도의 성령만이 하실 수 있음을 주님은 말씀 가운데 확연하게 보여주신다.

Revelation

3장
영원한 상급

또 저희를 위하여 내가 나를 거룩하게 하오니
이는 저희도 진리로 거룩함을 얻게 하려 함이니이다

요 17:19

사데 교회 사자에게 보내는 서신에서 예수님이 말씀하신 이기는 자가 받을 상급은 계 3:5절에 나와 있다. 이 구절에서 약속하신 상급은 세 가지인데 다음과 같다.

1. 흰 옷을 입을 것이다.
2. 내가 그 이름을 생명책에서 반드시 흐리지 않을 것이다.
3. 그 이름을 내 아버지 앞과 그 천사들 앞에서 시인하리라.

이 상급들이 말하고 있는 바를 알기 위해서는 '귀 있는 자는 성령이 교회들에 하시는 말씀을 들을지어다'라는 문장이 왜 이기는 자의 상급 후(後)에 나왔는지를 알아야만 한다.

앞서 말한 것처럼 이 문장이 이기는 자의 상급 뒤에 나오는 이유는 이기는 자에게 상급이 주어진 이후에도 여전히 성령의 음성을 듣는 일이 요구되기 때문이다.

이러한 의미를 토대로 이 세 가지 상급을 살펴보면 예수님이 우리에게 주시려는 메시지가 무엇인지를 더욱 깊이 이해할 수 있다.

세 가지 상급은 언뜻 보면 단발적인 사건이라고 생각할 수 있지만 후(後) 문장의 의미를 두고 보면 단발적으로 보기가 어렵다는 것을 알 수 있다.

우선 '흰 옷을 입을 것이다'라는 약속에서 흰 옷은 계시록에서 아주 명확하게 상징하는 바가 있는데 그것은 이 성도들의 '옳은 행실'이라는 점이다. 이를 뒷받침할 여러 구절들을 살펴보자.

계 6:11절에서 환난을 지나야 할 성도들에게 예수님이 흰 두루마기를 주시는 장면이 나온다. 이로써 우리가 입을 그 옷의 출처가 예수님이라는 사실을 알 수 있다.

계 7:9절에서는 종려나무 가지를 든 흰옷 입은 무리가 나온다. 24장로 중 하나가 요한에게 이 흰옷 입은 무리가 어떤 무리인지 아느냐고 묻는다. 요한이 모른다고 하자 장로는 이 무리는 큰 환난에서 나오는 자들인데 '어린 양의 피에 그 옷을 씻어 희게 한 자들'이라고 대답한다. 이는 우리에게 있는 옷을 깨끗하게 유지할 수 있는 방법이 오직 어린 양의 피에 씻는 것밖에 없다는 것을 보여준다.

계 19:8절에서는 혼인 예식을 치를 성도들이 입는 옷이 '주님이 입도록 허락하신 것'이고, 이 빛나고 깨끗한 세마포는 성도들의 옳은 행실이라고 말하고 있다. 여기서 가장 정확하게 흰옷에 대한 정의를 발견할 수 있다.

계 22:14절은 '그 두루마기를 빠는 자들은 복이 있나니.'라고 기록한다. 이 구절은 옷을 관리해야만 하는 존재는 다름 아닌 성도들이어야 함을 보여준다. 이로 볼 때 예수님이 계 3:5절의 '흰 옷을 입게 해 주겠다'는 약속에서 '흰 옷'은 아래와 같은 특징을 지닌다.

1) 예수님이 주신 것이다.
2) 스스로가 빨고 관리하는 것이다.
3) 예수님의 피에 씻을 수 있다.
4) 옷을 빛나고 깨끗하게 관리할 수 있는 것은 주님이 그렇게 해주실 수 있기 때문이다.

'흰 옷을 입다'에서 '입다'는 περιβάλλω(periballo)로 중간태 동사다. 즉, 전적으로 자신의 의지로만 입을 수 있는 것도 아니고 그렇다고 누군가에 의해서만 입을 수 있는 옷도 아니라는 뜻이다. 예수님이 사자에게 옷을 입혀주신 것은 거룩함을 위해 예수님에게 맡긴 의지가 합하여 일어난 일이라는 것을 알 수 있다. 즉, periballo는 내가 예수 그리스도 안에서 옳은 행실을 행한다는 것은 나의 의지와 성령의 의지가 합하여 나타난다는 것을 의미한다.

이러한 동사적 특징은 흰 옷의 단서들의 의미와도 일맥상통한다. 스스로 관리해야 하지만 예수님의 능력이 필요한 일이 바로 우리들의 옳은 행실의 출처라는 것을 보여주고 있는 것이다.

이러한 약속이 왜 단발적인 사건이 아니냐 그리고 왜 이것이 우리들에게 그토록 중요한 메시지냐에 대한 답을 아는 것은 매우 중요하다. 이것은 우리가 영원히 살아가는 삶의 방식에 있기 때문이다.

흰옷은 성도들의 옳은 행실이다. 옳은 행실은 어떻게 이뤄지는가. 위의 구절들이 설명하는 바와 같이 예수님의 의지와 우리의 의지가 자유로이 섞여 이뤄져야 한다. 그렇게 하기 위해선 우리는 반드시 성령의 음성을 매 순간 들어야만 한다.

우리가 세상에 있을 때는 이 일이 어려운 일처럼 느껴지지만 이를 닦고 세수를 하는 것이 어른이 되어서는 당연한 것처럼 우리가 성령의 음성을 듣고 옳은 행실을 하는 것이 천국에서는 당연한 일상이 될 것이다.

우리는 지금 어린아이와 같이 천국에서의 일을 연습하기 위하여 세상에서 살아가고 있을 뿐이다. 바울은 이와 같은 진리를 고전 13:11절에서 잘 설명하고 있다.

내가 어렸을 때는 말하는 것이 어린 아이와 같고 깨닫는 것이 어린 아이와 같고 생각하는 것이 어린 아이와 같다가 장성한 사람이 되어서는 어린아

이것은 우리가 영원한 나라에서 살아갈 때 경건한 삶을 영위하는 것이 어린아이와 같지 않고 어른처럼 자연스럽게 경건한 삶을 유지하게 될 것임을 보여준 말씀이다.

이 땅에 있을 땐 우리의 육신 때문에 경건에 이르는 일이 매우 어렵다. 죽을 때까지 우리는 매일 예수 그리스도의 죽음의 능력을 경험하기 위해 온 힘을 다해 성령의 음성을 들어야 한다. 때론 음성이 들렸다가 육신에게 지면 음성이 희미해졌다가를 반복하며 경건에 이르는 연습을 하게 될 것이다.

그러나 우리가 천국에 가서는 성령의 음성을 듣는 일이 세상에 있는 것처럼 희미하지 않고 뚜렷할 것이다. 그분과의 완전한 교제가 있을 것이며 따라서 거룩하게 되는 일이 하나도 어렵지 않게 여겨질 것이다.

흰 옷을 입는 일 즉, 성령 안에서 그의 능력으로 옳은 행실을 하는 일은 천국에서 가장 자연스러운 삶이자 성도들의 삶의 방식이 될 것임을 주님이 보여주시는 것이다. 성령의 음성을 듣는 일이, 경건의 행위가 천국에서는 우리에게 너무나 자연스러운 일상이 될 것이다.

두 번째 상급인 '내가 그 이름을 생명책에서 흐리지 않게 하겠다'에
관하여 살펴보자. 이것이 단발적이지 않을 이유가 없다고 생각이 들 것
이다. 그러나 여기에 사용된 '흐리다, 흐릿하게 하다'에 해당하는 단어
ἐξαλείφω(exaleipho)의 뜻을 살펴보면 그렇지 않다. 이 단어의 뜻은 '도
말하다'인데, 이 뜻을 구체적으로 그려주는 번역은 중국어 성경에서 찾
아볼 수 있다.

중국어 성경은 이 단어를 '도(途-길 도, 진흙 도) 말(抹-비빌 말)'이라고
번역한다. '도말'은 말하자면 '진흙으로 비벼 덮는다'는 뜻이다. 여기에
'필부(必不)'를 붙여 '진흙으로 비벼 덮는 일이 결코 일어나지 않게 할 것
이다'라고 번역하고 있다. 이는 매우 잘된 번역이라고 할 수 있다. 왜냐
하면 여기에서 나타나는 상급의 경향과 매우 일관된 메시지로 나타나기
때문이다.

이 번역이 매우 잘 된 것이라는 근거는 헬라어 ἐξαλείφω가 사용된 다
른 구절들을 살펴보면 더욱 이해할 수 있다.

행 3:16절에서 '너희가 회개하고 돌이켜 죄 없이 함을 받으라'에서 '죄
없이 함'과 골 2:14절의 '우리를 대적하는 의문에 쓴 증서를 도말하시고'
에서 도말은 모두 ἐξαλείφω로 표현된다. '죄가 없어진다, 혹은 도말한다'

는 것은 있던 것이 마치 없는 것처럼 흐릿해지는 개념이 아니라 '죄'가 있었지만, 그것을 진흙을 짓이겨 덮어버린 것처럼 덮어버리겠다는 뜻이다.

이러한 개념은 다른 구절에서도 확인할 수 있다. 계 7:17절의 '저희 눈에서 눈물을 씻어 주실 것임이라'와 계 21:4절의 '모든 눈물을 씻기시매'에서도 이 단어를 쓰는데 여기서 알 수 있는 사실은 1) 그들의 얼굴에 얼룩이 있었다. 그 얼룩은 눈물이다. 2) ἐξαλείφω는 얼굴을 얼룩지게 한 눈물을 닦는 동작을 표현한 말이다. 눈물을 닦으려면 어떻게 해야 하는가. 주님의 손이 그 위를 덮어야만 한다. 흐릿해지는 것이 아니라 그 위에 무언가가 덮여야만 하는 것이다.

이를 근거로 계 3:5절의 두 번째 상급을 가만히 들여다보면 '흐리지 않게 하겠다'라는 말씀은 말하자면 '생명책에 기록된 이름을 더럽혀서 짓이기지 못하도록 하겠다'라는 뜻이 된다는 것을 알 수 있다.

그렇다면 그 이름을 더럽히는 자는 누구인가? 물론 하나님이나 성령님이나 예수님이 그 일을 하시지 않는다. 불의함으로, 옳지 못한 행실로 그 이름 위에 쓱쓱 검은 칠을 해대는 장본인은 다름 아닌 우리 자신이다.

우리 자신이 생명책에 기록된 이름에 먹칠을 한다는 이 개념은 구원을 얻었으나 지키지 못한 자들의 경우, 옷을 받았으나 관리하지 못한 경우, 영으로 시작하였으나 육으로 마친 경우 모두 해당된다. 예수님은 우리가 우리의 행실을 지키기를 원하시지만, 우리가 예수님께 그 권한을 드리지 않음으로 우리의 행실이 불의하게 될 수밖에 없음을 보여주는 것이다.

따라서 '흐리지 않겠다'는 주님의 말씀은 우리의 의지와 성령의 의지가 합하여 일어나는 일임을 알 수 있다. 이러한 상급의 의미는 첫 번째 상급이 의미하는 바와 비슷한 맥락으로 흘러간다.

비굴하지 않게

'흰옷을 입는 것'이 성령의 의지와 성도의 의지가 합하여 일어나는 일인 것과 마찬가지로 이름을 먹칠하지 않고 깨끗하게 보존되는 일은 성도의 행실과 연관이 있다는 것을 보여준다.

그 때문에 이 상급도 천국에 살면서 여전히 우리의 옳은 행실을 보존하게 해주시는 성령의 음성을 듣는 일이 필요하고 이 또한 그곳에서는 완전하게 이뤄질 것이다.

세 번째 상급은 더더욱 감격스럽다. '이긴 자의 이름을 아버지 앞과 그 천사들 앞에서 시인하겠다, 선포하겠다'는 예수님의 말씀은 곧 '그가 하늘에서는 유명한 자가 될 것이다'라는 말과 동일하다. 그는 세상에 살면서 어쩌면 적은 명성에 몸을 움츠려 왔을지도 모른다. 이 때문에 무시당한 적도 많았을 것이다.

더 큰 명성을 얻을 수 있었던 기회를 내려놓아야 했지만 그렇다고 그곳에서 나가지도 못한 채 살았던 그는 아마도 자신을 매우 작게 여겼을지도 모른다. 그러나 예수님은 그에게 넌 하늘에서 아주 유명한 사람이라는 사실을 말씀하여 주심으로 절대 그들의 말에 미혹되거나 속지 말고 끝까지 거룩함을 지키라는 격려를 해주시고 있다.

그러나 여기서 정말 우리가 깨달아야 할 한 가지는 우리가 아무리 비참한 위치나 무명한 것으로 인해 무시를 당하는 일이 있다고 하더라도 우리의 직분이 하늘에 있음을 알아야 한다는 주님의 말씀이다. 우리는 왕과 같은 제사장이요 택하신 족속이다.

요셉은 감옥에 갇힌 자였고 바로 왕은 왕이었으나 요셉은 바로 앞에서 결코 주눅 들거나 그에게 이 감옥에서 꺼내 달라고 요청하지 않았다. 그는 오히려 바로 왕이 요구하는 바를 들어줄 준비가 되어 있던 믿음의 사람이었다. 왕은 세상을 향해 쩔쩔매며 어찌할 바를 몰랐으나 요셉은 세상을 향해 담대했다.

바울도 말하기를 '우리가 죽은 자와 같으나 산 자요 무명한 자 같으나 오히려 유명한 자'라고 말한다. 우리는 겸손과 비굴함의 차이를 알아야만 한다. 겸손은 예수 그리스도와 같이 하나님과 모든 이들의 구원을 위하여 자신을 낮추는 것이지만 비굴함은 세상에 굴복하여 세상이 원하는 대로 선택하는 것을 의미한다.

예수님은 십자가에 못 박히시는 수치 가운데 있으셨으나 결코 세상이 원하는 데로 해주시지 않았다. 그분은 비굴함에 굴복하지 않으셨다.

예수님은 이 상급을 통해 너희가 비굴해지지 말고 담대히 겸손하며 그 가운데서도 너희가 누구인지를 잊지 말라고 격려해주신다.

성령은 우리에게 겸손함도 가르치시나 우리가 왕과 같이 품위를 가지고 당당하기를 기뻐하신다. 하늘의 시민권자는 결코 짓눌리거나 비굴한 모습이 아니다. 그곳에서는 유명한 자와 같이 항상 담대하고 당당한 풍채로 살아가게 될 것이다.

참으로 예수님은 사랑을 입으신 주 하나님의 아들이시다. 사데 교회 사자가 그분을 잊고 살아가는 이 와중에도 그가 세상에서 얻지 못한 영광에 가슴 아파하는 그의 모습을 불쌍히 여기신 예수님의 모습을 확인할 수 있기 때문이다.

'너의 영광이 그곳에서는 작지만 훗날 비교할 수 없는 영광이 네게 있다. 그러니 무시를 당하더라도, 유명한 사람들이 받는 대접을 받지 않더라도 기뻐하라'는 주님의 음성이 들리는 듯하다.

사데 교회 사자는 다니엘과 요셉과 같은 믿음을 가지고 그곳에서 살아가야 한다. 다니엘도 요셉도 크고 화려한 궁에 있었다. 소위 1%에 속해 있었으나 그들은 뜻을 정하여 마음으로도 현상적으로도 하나님을 섬기고 그분을 믿었다.

그들의 삶은 결코 쉽지 않았다. 포로의 땅에서 노예의 땅에서 억울하고 분한 상황을 지나와야 했지만, 그들은 그곳에 있는 사람들을 하나님의 사랑으로 사랑했다. 동시에 사람들 앞에서 주눅 들지도 않았다. 그들 안에 하나님의 영이 계심을 자랑스럽게 여겼고 그들은 스스로를 자랑하지 않고 오직 하나님을 자랑했다.

하나님이 그들의 주인이었다. 그들은 명성을 얻는 것에는 관심이 없었으나 하나님은 그들을 높이셨다. 왜냐하면 자신의 이름을 '살리려' 하기보다 하나님을 위해 '죽고자' 했기 때문이었다. 또한, 그 일을 통해 다니엘은 자신뿐 아니라 바벨론 왕의 칼 앞에서 죽음에 처하게 된 박사들과 주술사들을 살려냈다.

이러한 구원은 그의 진심을 통해 하나님이 보이신 것이다. 이는 요셉 또한 마찬가지였다. 하나님은 사데 교회 사자가 이처럼 이기기를 바라셨을 것이다. 진심으로 하나님을 주인 삼고 그분의 마음으로 세상을 사랑해 주길 소망하셨을 것이다.

그 때문에 그의 싸움은 고난과 핍박이 난무한 시대의 종들보다 훨씬 더 힘에 겨울지도 모른다. 다니엘이나 요셉처럼 살아가기 위해서는 그들의 일상 하나하나가 모두 주님께 집중돼야 하기 때문이다.

천국의 일상

먹고 마시는 중에도, 사람들과 대화를 나누는 중에도, 영화를 보는 중에도, 그는 하나님과 항상 동행하며 그분의 음성을 듣고 그분이 원하시는 것을 해야만 한다.

다니엘의 삶 자체는 순교와 다름이 없었을 것 같다는 생각이 든다. 직분을 이용하여 육체의 자유를 누릴 기회가 있으나 그것을 몽땅 내려놓고 오직 주님의 종이 되기는 쉽지 않다.

매 순간 사단이 주는 교묘한 미혹에 맞서 싸워야 하고 그만큼 영적 분별력과 지혜와 총명이 훈련되어야 한다. 성령의 음성을 매 순간 놓치지 않고 들어야 하는 지대가 바로 사데 지역인 것이다.

지금도 이와 같은 곳에 파송 받은 종들이 있다. 예수님은 그들에게 지금 너는 다니엘과 같이 요셉과 같이 굳건한 믿음으로 서 있어야 한다고 말씀하신다. '어떻게 이와 같은 자들처럼 살 수 있겠습니까' 하겠지만 사실 우리는 그들보다 훨씬 더 큰 일을 할 수 있다.

왜냐하면 예수님은 그들보다 훨씬 크신 분이시며 그분의 역사하시는 힘은 구약의 어떠한 믿음의 사람들이 가졌던 힘보다 훨씬 강하기 때문이다. 우리는 구약의 사람들이 바라던 것을 가졌다. 구약의 모든 자들보다 세례 요한이 더 큰 자이나 예수님은 우리가 그보다 더 큰 자라고 말씀하셨다.

그것은 그분의 능력이 그만큼 우리 안에서 역사하실 수 있기에 하신 말씀이었으리라.

이 세 가지 상급을 통하여 주님은 우리에게 성도가 천국에 들어갔을 때 그 영원한 시간을 어떻게 살아가는지에 관한 메시지를 주신다. 그때 우리는 단 한순간도 놓치지 않고 거룩함을 지니고 살아가게 될 것이다.

우리는 통치할 뿐 아니라 하나님의 통치를 받는 백성으로서 주의 영광을 항상 지니고 다니며 성령의 음성 가운데서 하늘의 공기를 자유자재로 타고 나는 새처럼 그와 함께 거룩함으로 동행하게 될 것이다.

이 때문에 우리는 하나님을 자랑스러워하는 마음으로 우리 자신을 자랑스럽게 여기고 유명한 자로 여기며 거룩한 삶을 자연스럽게 영위하게 될 것이다.

이 상급은 다른 서신에서 나타나는 어떠한 상급들보다도 -통치하고, 면류관을 받고, 보좌에 앉는- 중요하고 아름다운 상급이라고 믿는다. 왜냐하면 천국에 사는 모든 이들의 진정한 행복은 여기에 있기 때문이다.

우리는 그곳에서 그렇게 행복하게 살기 위하여 이 세상을 살아가고 있다. 성령의 음성을 듣는 일이 지금 완전하지 않을지라도 실망하지 말자. 우리는 예수 그리스도의 은혜로 완전하게 될 것이다.

Revelation

4장

사데 교회
서신의 특징

아버지의 나라는 성령 안에서 겸손하고
온유하며 사랑으로 행하는 옳은 행실을
이루는 자들로 채워진 나라다.

본문 中

사데라는 지역은 영적인 바벨론이다. 자기 우상화와 탐욕이 소용돌이 치는 곳이다. 정치계, 연예계, 경제계뿐 아니라 유명한 자들이 속해 있는 모든 곳이 사데라고 할 수 있다. 소위 상위 1%라고 하는 사람들의 '유명세'가 있는 곳이 사데 지역이다.

예수님은 이곳에도 그분의 교회를 세우셨고 그분께 속한 양들을 찾아 내시기 위해 최선을 다하신다. 그 때문에 예수님은 사데 교회 사자를 그 험악하고 어두운 영적인 지대에 보내셔야만 했다.

그들을 얻기 위해선 사자 또한 유명한 자로서 있어야 했다. 마치 다니엘이 총리가 된 것과 같이 혹은 요셉처럼 느헤미야처럼 그들의 옷을 입고 그들의 문화를 가지고 복음을 전해야 했다. 바벨론과 같은 탐욕적인 지대에 서서 하나님의 나라를 지혜롭게 선포해야 했던 것이다.

다니엘처럼 요셉처럼 서 있었더라면 오죽 좋았으련만 그들에게 주어진 사명은 마치 유명세가 목적인 것처럼 변질되고 말았다. 그들은 살았다 하는 이름을 가지는 데는 성공했으나 실상은 죽은 자와 같은 영적인 상태로 전락해 버리고 말았다. 그들에게 주어진 사명을 착각하고 자신의 사명에 탐욕을 섞는 우를 범한 것이다.

그들은 결국 사데 지역에 사는 이들과 다름없이 탐욕에 놀아났고 그 탐욕은 광명한 천사처럼 다가와 이것이 너의 사명이라고 그들을 속였다. 그들은 속았고 주님이 원래 주신 사명을 잊었다. 어떻게 주님께 사랑을 받았는지도 그분이 무슨 말씀을 하셨는지도 잊어버리게 되었다.

이 때문에 주님은 그들을 향해 내가 도적같이 세상에 임할 때 어느 시에 임할는지 네가 알지 못할 것이라고 말씀하신다. 사데 교회 서신에는 '~을 대적하는'이라는 뜻의 κατα라는 말이 없다. 예수님이 그에게 책망할 무엇인가가 있다는 것은 최소한 그가 예수님 곧, 생명 안에 거하고 있다는 뜻이다. κατα의 부재는 곧 그에게 생명이 없음을 보여주는 것 같은 인상을 준다.

그가 암에 걸렸든, 감기에 걸렸든 생명이 있기 때문에 일어날 수 있는 일인 것처럼, κατα는 예수님이 대적하고 있는 것이 그에게 있으나 그에게 생명이 있기에 하실 수 있는 말씀이다. 사데에게 이 말이 없다는 것은 그가 세상 사람들과 다름없이 거의 죽음의 상태에 빠져있다는 것을 보여준다.

그럼에도 예수님은 그에게 찾아오셔서 말씀하신다. '너의 영적인 상황이 매우 심각하다. 생각하라, 지켜라. 그리고 회개하라'는 명령을 통해 예수님이 그를 다시 살리실 수 있음을 말씀하신다.

마치 에스겔의 마른 뼈 골짜기에서 뼈들이 다시 살아나 강력한 군대가 되는 것처럼 사데 교회 사자에게도 그러한 일을 행하실 준비를 하고 계시는 것이다.

혹 이러한 상황에 처해있다고 생각이 드는 사람들이 있다면 사데 교회 사자에게 보내시는 서신을 보고 그는 희망을 품어야 한다. 그리고 만약 그러한 생각이 든다면 이미 그의 절망은 희망의 문으로 들어가고 있다. 왜냐하면 오래전에 주셨던 그 기억을 꺼낼 준비가 되어있기 때문이다. 깨달았다는 것은 그의 영적인 눈이 뜨여 자신의 상태를 보고 있다는 증거이기 때문이다.

사데 교회 사자에게 보내는 서신의 가장 중요한 특징 중 하나는 라오디게아 교회 사자에게 보내는 서신과 마찬가지로 오로지 영적인 상황에 대해서만 언급이 되어 있다는 사실이다.

그의 외모와 현상적인 상황은 예수님이 상관하시지 않는다는 뜻이다. 그의 교회가 얼마나 부흥했는지 혹은 그의 명성이 어느 정도 높아졌는지는 상관이 없다. 주님은 오직 그의 영적인 상황이 매우 심각하며 그 상황으로 인해 그분이 원하시는 열매를 하나도 찾아볼 수 없다고 말씀하신다.

이제 그가 해야 할 일은 그가 어떻게 받았는지 기억해 내고 그것을 지켜 성령께서 그가 회개하도록 돕기를 구하는 것이다. 그것을 통해 성령님은 그에게 자신의 음성을 들려주시고 그에게 순종할 수 있도록 힘을 주셔서 그에게 남은 일을 행하게 하신다. 이것이 일깨우는 것이다. 일깨우는 것만이 그가 살 수 있는 방법이다.

이 돌이킴을 통해 사데 교회 사자가 해야 할 일은 그 남은바 죽게 된 것을 '굳게 하는' 것이다. 남은바 된 것들, 이제 곧 죽게 될 것들은 무엇일까. 이는 4절에 나오는 몇 명의 이름들이다.

이들은 사데 지역에서 그나마 하나님 안에서 거룩함을 지키려고 하는 자들이다. 그 옷을 더럽히지 않는 것 다시 말해서 그들의 영을 더럽히지 않기 위해 주님을 붙드는 자들이 있다고 말씀하신다. 사데 교회 사자는 그들을 찾아내어 그들의 믿음을 굳세게 해야 한다.

사데 교회 사자를 사자로 부르신 이유는 그에게 많은 영혼을 돌볼 수 있는 능력을 그에게 주셨기 때문이다. 이러한 영혼들을 찾아내어 돌보고 믿음을 굳세게 할 수 있기에 그를 부르셨다는 것을 알 수 있다.

성령과 함께

그가 세상 사람들과 다를 바 없는 죽음의 상태에 계속 머물게 된다면 그는 결코 이들을 찾아내지 못할 것이다. 남은바 된 그들은 적은 명성을 지닌 사람들이었기 때문이다. 세상은 덜 유명한 사람들을 주목하지 않는다. 더 유명하고 더 화려하고 더 명성 있는 사람들을 쫓고 그들과 관계맺기 원한다.

사데 교회 사자도 그러했을 것이다. 더 큰 명성을 얻기 위해 적은 명성을 가진 자들은 눈에도 들어오지 않았을 것이다.

그러나 주께서 일깨게 하시면 성령은 가난한 자들을 찾아내어 하늘의 영광을 입도록 허락하실 것이다. 예수님은 그들을 향해 약속해 주신다.

내가 너희와 함께 다닐 것이다. 내가 너희에게 주는 흰옷을 입고 너희는 나와 그 지대를 함께 다니며 거룩함으로 너희를 지킬 것이다.

바벨론이라는 악한 지대에서 어떤 이는 부정한 음식을 먹고 어떤 이는 시시덕거리며 노는 자리에서 유명한 자들과 어울리나 너는 다니엘과 그 친구들과 같이 거룩함을 지켰다고, 그래서 네가 풀무불 속에서도 살아남을 수 있도록 너와 동행하겠다고. 그 풀무불이 너를 사르지도 못하게 옷을 입혀주고 너를 지켜주겠다고 약속하신다.

주님은 이러한 약속을 통해 사자도 지키시고 그와 함께 할 자들도 지키시는 지혜를 선물하신다. 우리가 해야 할 일은 그저 순종하며 믿음으로 이 시대를 살아가는 것뿐이다.

우리는 어두운 시대를 살아간다. 문화라는 지대는 피할 수 없는 현실적인 영역이다. 그렇다고 산속에 들어가 살 수는 없는 일이다. 이를 피해 산으로 들어가 아무것도 하지 않고 살아간다면 그것은 하나님 앞에 더욱 큰 범죄요 불순종이다.

아무 일도 하지 않고 오로지 자신의 영혼만을 구하고자 하는 종은 버림 받을 것이다.

예수 그리스도의 사람들은 세상을 피하지 않고 주님이 부르신 어느 곳이라도 달려가 그의 복음을 전하고 영혼들을 살려야 한다. 만일 이러한 그분의 뜻이 아니었다면 다니엘도 요셉 같은 사람들도 하나님은 창조하지 않으셨을 것이다. 우리는 세상에 들어가 그의 영광을 나타내야만 하는 하나님의 교회다.

예수님은 서신의 마지막에서 이기는 자에 대한 상급을 말씀하신다. 참으로 벅찬 주님의 약속이다. 흰옷을 입을 것이다, 그 생명책에 이름을 흐리지 않겠다. 총 세 가지의 약속 중 처음 이 두 가지의 약속은 모두 우리들의 행실과 연관되어 있다. 여기서 우리는 하늘나라에서 살아가는 우리들의 일상이 어떻게 지속되는 지를 볼 수 있다.

"성령이 교회들에 하시는 말씀을 들을지어다"라는 말씀이 이기는 자의 상급 뒤에 나온 것은 이기는 자가 상급을 받은 후에도 여전히 성령의 음성을 듣는 일이 요구된다고 누누이 강조해본다.

이는 매우 중요한 개념이기 때문이다. 우리의 모든 옳은 행실이 성령의 음성을 듣는 일이 아니고는 불가능한 일이기 때문이다. 우리는 다만 믿음으로 그의 음성을 듣고 그의 음성에 따르는 순종을 그분께 맡긴다. 이 일을 하는 자가 진정한 성도이며 그리스도의 사람이라고 할 수 있다.

　우리는 세상에서 그 일을 행하려고 할 때 여러 가지 다툼이 우리 안에 있음을 느낀다. 육체의 소욕이 성령의 소욕을 방해하기 때문이다. 따라서 그분을 따라 옳은 행실을 하는 것은 매우 어렵게 느껴진다. 또 경건에 이르는 연습을 통해 성령과 동행을 하는 방법이 우리 몸에 숙달될지라도 우리는 여전히 육체의 소욕과 싸워야 할 것이다.

　그러나 우리가 천국에 가면 우리는 영원한 영의 몸을 입어 그 일이 하나도 어렵지 않게 된다. 마치 어른이 되어서는 어린아이의 일을 잊게 되는 것처럼 우리가 거룩함 가운데 행하는 일이 우리에게 즐겁게 느껴질 것이다.

　따라서 우리들의 생명책에 있는 이름을 누군가가 더럽혀서 흐릿하게 할 수 없다. 우리의 옷은 영원히 희고 빛날 것이며 우리의 이름은 깨끗하게 보관될 것이다.

　세 번째 우리가 누릴 예수님의 약속이 주는 천국에서의 일상은 더욱 감격적이다. 예수님은 우리의 이름을 하나님 앞과 그 천사들 앞에서 시인하신다고 약속하신다. 이 약속은 유명세를 얻기 위해 달렸던 많은 이들, 또 이미 유명세를 얻어 세상에서 높아진 사람들을 보며 시달렸을 자괴감이나 열등감을 보상이라도 해주는 듯하다.

그러나 우리가 더욱 알아야 할 것은 세상에서 사는 동안에도 주님은 우리가 결코 비굴함에 굴복하지 말아야 함을 강조하신다.

너희는 하늘의 백성이다, 너희는 왕과 같은 제사장이다, 너희는 그 누구보다도 유명한 사람들이다. 그리고 이 영광은 영원히 사라지지 않을 것이며 네가 성령의 음성을 듣는 이상 그 일은 계속 시행될 것이다. 이러한 약속이 너희에게 있으니 다른 이들의 유명한 것에 신경 쓰지 말아라. 그것에 아파하고 비굴해지는 것은 곧 네가 하나님의 백성이라는 것을 자랑스러워하지 않는다는 고백과 같은 것이다. 이렇게 주님은 말씀하신다고 믿는다.

우리는 당당해야 한다. 예수 그리스도의 이름으로 된 하나님의 자녀로서 그 품위를 잃지 말아야 한다. 사데 교회 사자에게 보내시는 편지에서 예수님이 주시는 매우 중요한 메시지라고 할 수 있다.

아버지의 나라는 성령 안에서 겸손하고 온유하며 사랑으로 행하는 옳은 행실을 이루는 자들로 채워진 나라다. 또한 하나님의 자녀인 것을 영원히 자랑스럽게 여기며 그 명성이 자신의 것임을 영원히 믿는 자들이 모여 있는 곳이다.

우리는 사데 교회 사자에게 보내시는 예수님의 서신을 통해 하나님의 나라에서 영원히 거룩하고 유명하게 살게 될 것임을 확인할 수 있다.

08
Chapter

빌라델비아 교회

Revelation

1장
예수님의 인사말

빌라델비아 교회 사자에게 편지하기를
거룩하고 진실하사 다윗의 열쇠를 가지신 이
곧 열면 닫을 사람이 없고 닫으면
열 사람이 없는 그이가 가라사대

계 3:7

핍박의 시대

당시 로마를 다스리고 있던 황제는 도미티아누스 황제였다. 네로 황제 다음으로 그리스도인들을 박해했던 이 황제는 한 마디로 미치광이였다. 로마 황제들 중에서도 정치에 탁월했고, 재임 중에 신으로 추앙받기를 원했다. 결국 죽은 뒤에 신의 호칭으로 승격됐다.

네로 황제의 박해는 로마 내 일어난 화제를 그리스도인들의 탓으로 돌리며 일어난 박해였기 때문에 로마를 제외한 다른 곳에서는 교회가 박해를 면할 수 있었다. 하지만 도미티아누스 황제는 로마의 칙령에 속한 소아시아 지방까지 우상 숭배를 강요하면서 수많은 교회들이 이에 반발하여 박해를 당한다.

이때 예수님을 직접 만났던 제자인 사도 요한이 밧모섬으로 유배되면서 지도자의 부재로 교회는 큰 불안감을 느꼈고 어떻게 행동해야 할지 갈피를 잡지 못하고 있었다. 그 박해가 말할 수 없을 만큼 잔인했고 그 세가 극심했기 때문에 믿음을 지키는 것이 너무나 힘들었던 때였다.

이때 하나님이 주신 말씀이 요한계시록이다.

이러한 배경이 특별히 빌라델비아 교회 서신을 살펴보는데 매우 중요한 이유는 예수님이 이 교회를 향해 자신을 소개하시는 부분이 요한 계시록이 기록된 배경과 깊은 연관이 있기 때문이다. 물론 다른 교회 서신의 의미를 살펴보는 것과도 연관이 있겠지만 빌라델비아 교회 서신에 나타난 예수님의 모습은 모든 교회가 이 상황에서 기억해야 할 가장 중요한 모습이기 때문에 그러하다고 믿는다.

일곱교회 서신들의 머리말에는 반드시 예수님이 그 교회를 위한 자신의 모습을 설명하신다. 이를 정리하면 아래와 같다.

1. 에베소 - 일곱별을 붙잡고 일곱 금 촛대 사이에 다니시는 이.
2. 서머나 - 처음이요 나중이요 죽었다가 살아나신 이.
3. 버가모 - 좌우에 날 선 검을 가지신 이.
4. 두아디라 - 그 눈이 불꽃 같고 그 발이 빛난 주석과 같은 하나님의 아들.
5. 사데 - 하나님의 일곱 영과 일곱 별을 가지신 이.
6. 빌라델비아 - 거룩하고 진실하사 다윗의 열쇠를 가지신 이 곧 열면 닫을 사람이 없고 닫으면 열 사람이 없는 이.
7. 라오디게아 - 아멘이시요 충성되고 참된 증인이시요 하나님의 창조의 근본이신 이.

이렇게 나타나신 예수님의 모습은 대부분 계시록 1장에서 미리 드러내신 예수님의 모습과 거의 일치하는데 그중 빌라델비아와 라오디게아 두 교회를 향해 나타나시는 예수님의 모습은 1장에 나온 예수님에 대한 설명과 짝이 되는 말이 별로 없다.

단지 빌라델비아는 '열쇠'라는 말이, 라오디게아 교회는 '충성된 증인'이라는 말만 겹칠 뿐이다. 라오디게아의 예수님의 모습인 '아멘이 되신 분', '하나님의 창조의 근본 되신 이'와 같은 표현이 1장에 없고 빌라델비아도 '열쇠'라는 말을 제외하면 1장에서 볼 수 없었던 예수님의 모습을 소개하고 있다.

또 이 두 교회 서신에 나타난 다른 특징은 예수님이 자신의 모습을 앞의 5교회들처럼 '비유적' 표현으로 설명하지 않는다는 점이다.

'일곱별을 붙잡고 있다, 금 촛대 사이를 다니신다, 처음, 나중, 죽었다 살아난, 눈이 불꽃 같은, 발이 주석 같은, 하나님의 아들, 하나님의 일곱 영과 일곱별을 가진 이' 같은 표현은 모두 그분의 성품이나 하시는 일을 비유적으로 표현한 말들이다.

이러한 비유를 통해 설명하는 이유는 그분이 어떤 분이시고 이 모습을 통해 각 교회에 무슨 일을 하시는지를 구체적으로 알 수 있기 때문이다.

이에 비해 빌라델비아의 '거룩하고 진실하다'나 라오디게아의 '아멘이시다', '충성되고 참된'과 같은 직접적인 형용사적 표현은 오직 두 교회에만 등장한다.

이 형용사들은 앞에 전치사 ὁ가 붙음으로서 형용사적 명사가 되는데 이 말을 번역하면, 거룩하신 분, 진실하신 분, 아멘이신 분, 진실한 믿음이 되신 분이라고 해석할 수 있다.

그러나 라오디게아와 빌라델비아 교회의 서신에서 예수님의 모습이 형용사적으로 표현된 것만은 아니다. 비유적 표현도 포함하고 있다. 그와 함께 소개된 그분의 비유적 모습은 '다윗의 열쇠를 가지신 이', '증인이 되신 분', '창조의 근본이신 분'으로 표현되고 있다.

이 비유를 굳이 자세히 들여다보지 않아도 우리는 그가 유일한 메시야(다윗의 열쇠를 가진)이시고, 시간의 주관자로서 처음(창조의 근본)과 나중(아멘)을 다 아시는(증인) 유일한 분이라는 것을 알 수 있다.

어쨌든 이러한 모습들은 당시 교회가 살고 있던 세상의 정황상 교회가 믿기 힘든 예수님의 모습이었다. 도미티아누스 황제의 박해가 너무나 잔인했던 그때 예수님이 그들의 왕이며, 구원자시며, 이 세상을 창조하신 분이라고 믿기란 여간 힘든 것이 아니었을 것이다.

그들이 가지고 있는 믿음이 정말 맞는 것인지, 정말 주님을 따라야 하는 건지, 주님이 하나님이고 이 세상의 유일한 신이라면 어째서 자신을 신이라고 하는 저 황제의 권력에 굴복해야 하는지, 또 그 세상의 권세를 당장에 무너뜨리지 못하는 예수님의 존재가 과연 구원자이시며, 처음과 나중인 분이신지에 대해 매우 불확실하게 느껴졌을 것이다.

그들의 기도는 마치 열납되지 않는 것만 같고 잔인한 황제의 포악은 영원할 것만 같았다. 그들의 상황은 하루하루가 지옥이었고 불안했을 것이다.

그들을 건지실 메시아, 그들의 하나님이 되신 예수님, 믿음의 근본이자 창조의 근본이시며 마지막을 '아멘'으로 마무리하실 그분이 진짜인지를 의심하고 또 의심했을지도 모른다.

그러나 주님은 이 책의 기록자인 사도 요한을 통해 그분의 메시야 되심을 다시 한번 확증해 주신다. 사도 요한은 당시 예수님을 직접 만난 유일하게 남은 제자이자 초기 교회의 가장 큰 지도자였다. 그의 영향력을 알고 계신 주님이 그를 통해 이 서신을 보내게 하심으로서 주님이 보내신 말씀임을 확증하시는 것이다.

우리는 빌라델비아 교회의 사자에게 보내시는 서신을 주목하며 보아야 한다. 주님은 이 글을 통해 모든 시대의 교회가 정말 빼앗기지 말아야 할 것이 무엇인지를 알기 원하시기 때문이다. 요한을 통한 예수님의 서신 즉, 이제 있는 일과 반드시 속히 될 일에 대한 편지는 모든 교회를 향한 메시지다.

그 때문에 모든 교회가 각자에게 속한 서신뿐 아니라 다른 교회들을 향한 주님의 말씀도 볼 수 있었고 보아야만 했다.

에베소 교회를 향하여 첫사랑을 다시 찾으라고 하셨던 주님의 말씀은 단지 에베소 교회를 향한 말씀만이 아니다. 모든 교회가 '첫사랑을 되찾으라'는 이 주목할 만한 사실에 대하여 심도 있게 생각하고 기도하기를 원하셨다.

서머나, 버가모, 두아디라, 사데를 향해 쓰신 모든 말씀이 모든 교회에 속한 모든 이들을 향한 예수님의 말씀이라는 것을 기억한다면 빌라델비아 교회 말씀 또한 마찬가지로 모든 교회가 기억해야 할 진리가 있다고 믿어야 한다.

그중에서도 이 여섯 번째 교회에 나오는 예수님의 모습은 우리 모두가 붙들어야 할 중요한 모습이다. 그의 거룩하심과 진실하심과 그가 다윗의 열쇠를 쥐고 있는 이 모습이야말로 주님이 없으면 아무것도 할 수 없는 우리에게 가장 필요한 하나님의 강력이요 능력이기 때문이다.

거룩하고 진실하사

왜 주님은 자신을 거룩한 자라고 칭하셨을까. 또 왜 진실한 자라고 칭하셨을까. 또 이 말들은 왜 '다윗의 열쇠를 가지신 이'라는 표현과 연관이 있는 것일까.

하나님은 거룩하시다. 하나님은 그를 섬기는 제사장들을 거룩하게 하시고 제사장은 제물들을 거룩히 구별한다. 그렇다면 '거룩하다'라는 말의 뜻은 무엇일까. 찾아보면 이 말은 '신에게 접근할 수 있을 정도의 상태'를 뜻한다고 한다.

하나님은 거룩함 그 자체일 것이다. 만약 '거룩하다'라는 뜻이 '신에게 접근할 수 있을 만큼의 상태'라고 한다면 신은 반드시 거룩해야만 할 것이다.

하나님뿐 아니라 그 주위에 있는 모든 것이 거룩해야 하며 그것은 반드시 '깨끗함'을 전제로 해야 한다.

이 깨끗함이란 우리가 생각하는 깨끗함을 넘어설 것이다. 모든 부분에서의 깨끗함 즉, 영과 혼과 육 그 이상의 모든 차원에서의 깨끗함이 그분께 있다는 뜻일 것이다. 이러한 하나님(그분에게 인간처럼 영, 혼, 육이 있는 뜻은 아니다. 그분이 가지고 계신 모든 영역이 흠도 없고 점도 없이 깨끗하다는 뜻이다.)은 구약에서 그분께 접근할 수 있는 사람을 세우셨는데 그 사람이 바로 제사장이다.

제사장은 반드시 '하나님이 택한 구별된 사람'으로서 아론의 자손이어야 했다. 또 거룩하게 구별된 제사장은 부정한 것 즉, 그가 구별하지 않은 것에 닿거나 만지지 말아서 그 거룩함을 지켜야 했다.

다음으로 하나님 앞에 거룩해야 하는 것은 제물이다. 하나님은 제사 장에게 명하여 제물을 구별하라고 명하신다. 제물은 병이 있거나 절어서 도 안 되고 몸의 어느 부분이 상해서도 안 된다. 양, 염소, 소, 비둘기와 같은 하나님이 정하다고 지명하시고 그중에서도 흠이 없는 '구별된' 동물들만이 제물로 바쳐질 수 있다.

이로 볼 때 거룩함이라는 말은 어찌 보면 '구별된'이라는 말로도 대치할 수 있을 것이다. 하나님 앞에 드려진 나실인들은 '구별된' 자들로서 하나님 앞에 드려진 거룩함을 지켜야 할 사람들이다. 사람이든 짐승이든 하나님 앞에 가까이 가기 위해서는 반드시 이러한 '구별됨'이 전제되어야 한다.

예수님이 자신을 '거룩하다'라고 칭하신 것은 이와 같이 자신이 하나님 앞에 구별된 선택받은 존재라는 것을 드러내기 위함이다.

'진실하다'를 살펴볼까. 이것은 우리말로 '진짜'라는 뜻과 통한다고 볼 수 있다. 헬라어 ἀληθίνος(alethinos)는 특별히 요한이 많이 사용했던 단어다. 누가복음에서는 단 한 번, 마태, 마가복음에서는 단 한 번도 사용되지 않던 이 단어가 요한복음에서는 8번, 요한 일서에서 4번, 계시록에서는 10번 사용되었다.

참 빛, 참 떡, 참 포도나무, 참 하나님, 그 증거가 참이라, 참되신 하나님, 참 장막, 참된 것, 참된 자(하나님), 참되신 대 주재, 참되시도다, 참되신 말씀 등 요한은 하나님, 예수님, 성령님, 그의 말씀이 참이라는 것을 무던히도 반복하여 강조하고 있다는 것을 볼 수 있다.

이것은 거룩함과 함께 예수님은 '진짜' 메시아라는 것을 증거하기 위해 사용된 듯하다. 하나님이 예수님에 대하여 증언하시고 성령이 그에 대하여 증언하시는 것이 '참'인 이유는 하나님이 참 하나님이기 때문이고 유일한 하나님이기 때문이다.

다른 말로 하면 성도들이 믿는 하나님은 진실하고 거룩한 하나님이며 이 거룩하시고 참된 하나님의 증거를 받고 그가 거룩하다 구별하시고 진짜 메시아로 부르신 유일한 이는 예수님밖에 없음을 여기서 보여주고 있는 것이다. 거룩함과 진실함에 이어 예수님은 그가 다윗의 열쇠를 가지고 있다고 말씀하신다.

다윗은 모든 성경이 강조하는 것과 같이 메시아가 메시아라는 가장 중요한 증거 중 하나다. 메시아는 구약 선지자들의 말씀에 의거해 반드시 다윗의 혈통, 다윗의 자손으로서 나야만 한다. 이 혈통에서 나온 자만이 구원의 문을 열 수 있는 열쇠를 손에 쥐고 있기 때문이다.

여기서 더더욱 '거룩하다'와 '진실하다'가 왜 앞서 표현되었는지를 볼 수 있다. 다윗의 혈통에서 나왔다는 사실 자체가 그의 거룩하심과 진실하심을 증거하기 때문이며 이는 그가 '구원의 문을 열 수 있는 열쇠를 쥐고 있는 자'라는 것을 나타내기 때문이다.

하나님이 따로 세우시고 참 하나님이 그를 증거하시고 또한 다윗의 혈통에서 나와 전에 볼 수 없었던 구원이 그로 말미암아 나온 것이다.

이 구원이라는 문은 아무도 열지 못했으나 그로 인해 열렸으며 이렇게 열린 문은 아무도 닫지 못할 것이라고 당시 있던 교회의 구성원들에게 못 박고 있다.

이러한 확증은 1장에 나왔던 사망과 음부의 열쇠와도 연관 지을 수 있다. 하나는 구원의 열쇠고 하나는 사망과 음부의 열쇠인데 이 두 열쇠 모두 예수님의 손에 쥐어져 있다.

예수님은 '몸은 죽여도 영혼은 능히 죽이지 못하는 자들을 두려워하지 말고 오직 몸과 영혼을 능히 지옥에 멸하시는 자를 두려워 하라'(마 10:28)고 말씀하신다. 이러한 말씀은 당시 황제의 권세를 두려워했던 모든 그리스도인들에게 가장 필요한 말씀이었다.

'지금 너희가 육에 있을 때 육을 죽일 수 있는 권한은 그 황제에게 있으나 죽음 후에 음부의 열쇠는 나에게 있다. 또한 구원의 열쇠도 내게 있다. 어떻게 하겠느냐.'라고 말씀하시는 것이다.

'다윗의 열쇠를 가진 **진짜 메시아**는 오직 나밖에 없다. 다른 그리스도는 결코 있을 수 없고 오직 구원의 문을 열 수 있는 존재는 나 하나뿐이다. 따라서 그 황제가 아무리 강력한 힘을 휘둘러도 모든 세상을 통치하고 주관하며 사망과 음부를 다스리며 구원의 길을 여는 자는 나 예수 하나이니 너희가 결정하라'는 말씀인 것이다.

이 말씀은 지금의 우리에게도 절실히 필요한 말씀이다. 우리는 때론 황제의 권세와 비슷한 세상의 권세에 굴복할 때가 많다. 직장 상사의 강요나 권력이 더 많은 자의 강압이 그 옛날 도미티아누스 황제의 핍박이 될 수도 있다. 그들의 요구를 들어주느냐 들어주지 않느냐는 직장을 잃느냐 혹은 직장에서 살아남느냐와 연결되기도 하기 때문이다.

당장 식구들이 먹고살아야 하고 당장 진급되어야 하고 당장 더 유명해져야 하고 눈앞에 보이는 어려움이 해결되어야 하므로 보이지 않는 하나님의 권세를 인정하기보다 눈에 보이는 사람의 권세, 세상의 권세에 굴복하기가 훨씬 쉬운 것이다.

우린 이러한 싸움에서 이기는 연습을 해야만 한다. 왜냐하면 앞으로 우리에겐 더 큰 싸움이 기다리고 있기 때문이다. 마지막 전쟁, 마지막 세대에서 온 세상의 권력을 잡게 될 우상의 세력이 기다리고 있기 때문이다. 그 세력은 우리를 절대 봐주지 않을 것이다.

하지만 기억하자. 그 세력이 죽음으로 우리를 두렵게 할지라도 사망과 음부의 권세는 오직 예수님께 있다는 것과 구원의 열쇠도 그분께 있다는 것을 말이다.

우리는 예수님의 거룩하심과 진실하심을 믿음으로 확증해야 한다. 하나님의 택하심을 얻은 유일하고 진실한 그리스도이심을 확신하는 것이 우리가 살 수 있는 길임을 예수님은 이 서신을 통하며 말씀하고 계신다.

예수님이 십자가에 못 박히셨을 때 유대인들은 그를 비난했다. 자신도 구원하지 못하는 자가 어떻게 그리스도라 할 수 있겠느냐고 비난했지만, 이는 사실 그들의 처지를 구원해주지 못하는 것에 대한 비난이었다.

로마의 속국이었고 그 치세에서 굴욕적으로 살아가는 그들의 삶을 비관했다. 그들이 기다린 메시아가 이러한 상황에서 벗어나게 해주기를 기다렸으나 예수님은 그들이 생각하는 것처럼 행하지 않으셨다.

예수님은 단발적으로 나타났다 사라지는 나라가 아닌 영원한 나라를 통치하시는 왕이자 그리스도이기 때문이다. 그는 모든 인류의 죄를 책임지고 죽어 부활하시고 승리하신 분으로 서야 했다. 이를 믿는 이들이 하나님의 나라에 들어갈 수 있는 권세를 얻을 수 있음을 누누이 말씀하셨다. 이 때문에 당시의 유대인들은 예수님을 십자가에 못 박았다.

하지만 지금의 우리나 도미티아누스 당시의 그리스도인들이나 예수님을 못 박으라 외쳤던 유대인들과 다름없는 말을 하고 있다. '예수님이 하나님이라면 왜 나에게 이런 일이 일어나는 것입니까. 왜 자신을 신이라 말하는 황제에게 압제를 당하는 것입니까. 주님은 정말 왕이요 신이십니까'라는 말로 따지고 있다.

주님을 믿는 이는 주님의 나라를 믿어야 한다. 이것이 진정한 믿음이다. 그의 거룩하심과 그의 진실하심과 그가 여시는 구원의 문은 이 세상이 아닌 영원한 나라에 있음을 우리는 믿어야만 할 것이다.

예수님은 지금도 우리에게 말씀하신다. 다윗의 열쇠 곧, 구원의 열쇠를 가진 자는 오직 나 하나다. 너는 어떻게 하겠느냐고 묻고 계신다.

Revelation

2장

다윗

우리가 다 놀라 가로되
이는 다윗의 자손이 아니냐 하니

마 12:23

그렇다면 왜 하필 다윗일까. 앞서 살펴본 바와 같이 다윗이라는 인물이 예수님과 매우 밀접한 연관이 있다는 것은 알겠는데 왜 다윗이라는 인물이 유독 그분의 완벽한 예표로 선택된 것일까. 예수님의 조상 중엔 아브라함도 있고 이삭도 있고 이새도 있고 히스기야도 있고 스룹바벨도 있는데 왜 다윗이라는 인물을 콕 집어 말씀하신 것일까.

물론 우리가 하나님이 선택하신 그분의 이유와 계획을 완전히 알 수는 없다. 아브라함을 택하시고 이삭을 택하신 하나님의 심중을 어떻게 다 헤아릴 수 있겠냐마는 왜 이스마엘이 아닌 이삭을 택하셨는지, 에서가 아닌 야곱을 택하셨는지는 알 수 있다. 왜냐하면 그가 드러내셨기 때문이다. 또 드러내신 이유는 우리가 그 이유를 알기를 원하셨기 때문이다.

그들이 선택받은 첫 번째 이유는 그저 하나님이 그들을 선택하셨기 때문이다. 그들의 중심이 하나님께 있었고 그분을 믿는 믿음이 그들에게 있었기 때문이다. 무수한 수의 인류가 있었고 그중에서도 그들은 하늘을 바라보고 하나님의 의중을 읽으려 안간힘을 썼다.

또한 알기만 한 것이 아니라 실제 믿음으로 행동했다. 그것이 아브라함을 택하셨던 이유였고 에서가 아닌 야곱을, 이스마엘이 아닌 이삭을 택하신 이유다.

이 일은 단지 하나님의 의지만 있었던 것도 아니요 그렇다고 인간의 모든 노력으로만 이뤄지는 것도 아니다. 사랑이라는 것이 그렇듯 서로가 서로를 선택하는 놀라운 기적과 같은, 사건과 사건이 연결되어 일어난 일이었다.

이와 같이 우리가 다윗을 택하신 하나님의 의중을 살펴본다면 예수 그리스도에 대한 하나님의 택하심이 얼마나 놀라운지 그 이유가 무엇인지를 조금은 알 수 있으리라 믿는다.

특별히 지금 이 개념에 대해 알아보는 것은 계시록을 읽는 데 있어 매우 중요하다. 왜냐하면 다윗에 관한 개념은 계시록에 나오는 구원받을 대상들의 개념을 더욱 정확하게 인지하도록 돕기 때문이다.

또한 그 구원이 다윗과 연관되어 나타난다는 것을 알게 될 때 하나님이 마지막 세대에 서 있는 그의 교회들을 어떠한 나라로 세우기 원하셔서 구원하시는가에 대해서도 알 수 있게 한다.

다윗이 왜 예수님과 특별하게 연관이 있는지를 살펴보자면 사무엘상에 나오는 한 사건을 가지고 와야 한다.

두 개의 장막

사무엘의 전 사사 엘리의 시대에 이스라엘은 블레셋과 전쟁을 벌이게 된다. 그때 사기를 북돋기 위해 이스라엘 장로들은 언약궤를 전쟁터로 가지고 오게 되지만 그들의 생각과는 다르게 도리어 블레셋에게 이스라엘의 언약궤가 빼앗기고 만다. 그 때문에 언약궤는 처음으로 모세의 장막에서 벗어나 다른 곳을 배회하게 되는 사건이 벌어진다.

오랜 세월이 지나고 다윗이 기름부음을 받아 통일 이스라엘의 왕이 된 후 다윗은 외부에 있던 언약궤를 자신의 성읍인 예루살렘에 가지고 온다. 이때 언약궤를 들였던 장막을 다윗의 장막이라고 부른다. 이로 인해 두 개의 장막 즉, 기브온에는 번제단이 있었던 모세의 장막이, 예루살렘에는 언약궤가 있는 다윗의 장막이 이스라엘에 존재하게 된다.

따라서 한 명만 선출되었던 대제사장은 두 명으로 늘어날 수밖에 없었다. 모세의 장막에는 아론의 자손이었던 사독이, 다윗의 장막에는 아비아달이 대제사장으로 임명되었던 것이다.

대제사장이 두 명이 임명된 이상한 사건은 이스라엘 역사상 처음 있었던 일이었다. 하지만 하나님은 이를 두고 다윗이나 심지어 어떠한 선지자에게도 대제사장의 이중 임명의 그릇됨을 말씀하시지 않았다. 심지어 그때 하나님은 다윗의 힘을 다해 추는 춤을 매우 기뻐하시기까지 하셨다.

우리는 이 부분에서 하나님의 새로운 길과 약속이 이곳에서부터 열리고 있다는 것을 알 수 있다. 다윗은 그야말로 새 부대요 새 언약이 담기는 새 그릇의 시발점이요 메시아에 대한 언약의 완벽한 예표였다.

모세의 장막에서 세우신 하나님의 언약은 유대인들을 위한 율법으로써 이방인들을 위한 것이 아니었다. 이스라엘은 하나님의 장자의 민족으로서 하나님을 처음 알았던 민족이었으며 하나님이 처음으로 택한 민족이었다. 따라서 이 언약에서 흐르는 축복은 오직 유대인들만이 소유할 수 있었다.

그러나 지금에 와서 우리는 무엇을 보는가. 이방인인 우리 안에서 어떠한 일이 일어났는가. 이 글을 읽고 있는 대부분의 독자가 이방인으로서 예수 그리스도를 통해 얻은 새 언약을 하나님과 세운 영광을 누린 자들이다. 유대인들만 누릴 것이라고 생각했던 하나님의 언약이 이제 이방인을 향해 흘러들어온 것이다.

이러한 현상은 오로지 예수 그리스도라는 왕이자 선지자이자 제사장이신 그분이 나타나셔서 십자가를 지시고 죽으시고 부활하시고 승천하신 이후에 나타난 현상이라고 할 수 있다.

이렇게 우리 이방인들 안에서 된 일들은 하나님의 약속을 담은 언약궤가 옛 언약의 상징이었던 모세의 장막에서 새 언약의 상징인 다윗의 장막으로 넘어간 것과 같은 현상이라고 할 수 있다는 뜻이다.

두 명의 제사장과 두 개의 장막, 이 모든 일이 일어난 다윗의 시대와 다윗의 통일 왕국이 무엇을 말하는가. 옛 언약과 새 언약을 그의 나라와 그의 몸 안에서 하나가 되게 하시고 완성하신 예수님의 나라, 사역, 하나 된 교회를 보여주는 것이 아니면 설명이 안 된다.

유대인과 이방인

로마서를 쓰는 바울은 그 서신을 읽는 이들을 정확히 두 부류로 나눈다. 한 부류는 옛 언약을 받았던 유대인이요 또 하나는 새 언약의 영광을 받게 된 이방인들이었다.

옛 언약이 있었던 이유는 새 언약을 준비하기 위함이요, 새 언약은 옛 언약을 완전하게 하기 위함인 것과 같이 유대인과 이방인은 바울의 권면, 아니 모든 사도들과 예수 안에서 행하셨던 성령의 권면과 같이 예수 안에서 하나가 되어야 마땅하다.

이러한 예시와 그림을 보여주었던 시대가 다윗의 시대였다. 역사상 처음으로 두 장막과 두 언약과 두 제사장이 한 곳에 모이게 한 처음 인물이 다윗이었던 것이다. 이보다 더 확실히 예수 그리스도를 예표 하는 인물이 있을까 한다.

여기서 우리가 알 수 있는 것은 다윗이라는 인물 자체의 위대함보다 하나님의 치밀하고 아름다운 계획이 다윗과 그 시대 안에 녹아들어 있다는 점이다. 다윗도 이 사실을 알았고 그의 후손으로 나오실 그리스도를 경배하며 찬송했다.

계시록의 두 증인, 두 감람나무, 모세의 노래와 어린 양의 노래가 나오는 이유, 유다 지파의 사자요 다윗의 뿌리에 대한 것도 다윗 시대에 있었던 두 개의 장막을 바탕으로 생각하면 더 쉽게 이해할 수 있다.

두 증인과 두 감람나무, 모세의 노래와 어린양의 노래는 모두 예수 안에서 이뤄지는 유대인과 이방인들의 연합, 결속을 의미한다는 것을 쉽게 이해할 수 있는 것이다.

스가랴서의 금 기름을 흘리는 두 개의 금관과 두 감람나무 가지도 마찬가지다.

다윗의 시대에 있었던 두 명의 대제사장은 이처럼 앞으로 예수 안에서 하나가 될 유대인과 이방인을 상징한다. 스가랴서에서 여호수아 대제사장의 그을린 옷을 새 옷으로 입혀주는 장면은 단지 그 한 사람에 대한 것만이 아니었다. 대제사장은 모든 이스라엘을 대표하는 자로서 그가 사함을 얻으면 모든 백성이 사함을 얻는 것으로 여겨졌다.

따라서 스가랴의 환상 속에서 여호수아 대제사장이 그을린 옷을 입었다가 새 옷으로 갈아입었던 것은 하나님의 용서와 죄사함이 이스라엘 백성 위에 임했다는 것을 보여준다.

물론 이것이 예수님의 새 언약을 예표 하는 장면이기도 하지만 우리가 지금 여기서 보아야 할 것은 여호수아라는 대제사장의 사함이 곧 백성의 사함으로 직결된다는 사실이다.

따라서 다윗의 시대에 있었던 두 명의 대제사장은 두 민족 즉, 장자의 민족인 유대인과 차자였으나 예수로 말미암아 장자의 기업 안에 속하게 된 이방인을 상징한다고 볼 수 있고 이 두 민족이 예수 안에서 하나 되어 언약을 통해 죄 사함을 얻고 그리스도의 나라를 이루게 된다는 것을 보여주고 있다.

언약의 성취

또한 다윗의 나라는 옛 언약과 새 언약이 예수 안에서 완성되었음을 예표하고 있다. 번제단이 있던 모세의 장막과 언약궤가 있는 다윗의 장막은 모두 그 자체로서 하나님이 함께하시지만 결국 두 개의 기능이 합하여야만 완전한 장막의 기능을 다 할 수 있다.

참으로 아이러니한 사실은 옛 언약이 다만 유대인만을 위한 것이 아니었다는 것을 발견할 수 있다는 점이다. 신 29:15절에서 모세는 '내가 이 언약과 맹세를 너희에게만 세우는 것이 아니라 오늘날 우리 하나님 여호와 앞에서 우리와 함께 선 자와 오늘날 우리와 함께 여기 있지 아니한 자에게까지니'라고 말한다. 즉, 하나님의 언약의 마지막 행보는 결국 이방인들에게까지 흘러가는 것이었다.

마찬가지로, 새 언약 또한 이방인들만을 위한 것이 아니라 유대인이든 이방인이든 예수 그리스도를 믿는 모든 이들에게 적용된다고 성경은 말하고 있다.

예수님은 옛 언약을 받들어 섬기던 유대인이든 새 언약을 받게 되어 구원을 얻게 된 이방인이든 믿는 모든 이들을 차별치 않으시고 모든 것을 통일하여 완전하게 이루시는 분이심을 천명하고 있다.

다윗과 그의 나라와 그의 시대는 마치 이러한 일을 보여주는 작은 그림과 같았다. 예수님은 이 때문에 다윗의 자손이라는 별명을 얻으셨고 하나님은 그의 선지자들을 통하여 수없이 다윗과 연관 지어 메시아에 대한 예언을 기록하게 하신 것이다.

빌라델비아 교회 사자를 공격했던 존재가 거짓 유대인이라는 것을 볼 때 아마도 그는 당시 스스로를 유대인이라고 여겼던 자들의 공격을 당했던 듯하다. 이러한 상황에서 다윗의 열쇠를 지닌 예수님이 그 열쇠로 구원의 문을 열어놓으셨다는 말씀은 빌라델비아 교회 사자에게 큰 확신과 용기를 가져다주었을 것이다. 하나님의 택함이 확실한 다윗의 열쇠를 지닌 이가 그와 함께하신다는 것 자체가 그의 믿음이 확실한 것이고 구원이 확실한 것임을 확신시켜주는 말이기 때문이다.

예수님이 열어 놓으신 문은 다만 구원의 문만이 아니다. 아브라함에게 약속하신 복을 얻을 문, 천국을 침노할 수 있는 문, 성령과 함께 할 수 있는 문, 영원한 삶을 얻을 수 있는 문, 왕과 같은 제사장이 될 수 있는 문, 무엇보다 하나님의 자녀가 될 수 있는 권세를 얻을 수 있는 문을 열어놓으셨다.

다윗은 살인자였고 간음을 행한 자였고 때론 하나님의 말씀도 거역하는 사람이었다. 그런데도 그는 예수님의 조상이 될 수 있는 영광을 누릴 수 있었다. 이것은 그의 위대함 때문이 아니다. 하나님이 그를 선택하셨기 때문이다.

그가 의롭다 칭함을 얻은 것도 다윗이 삶 속에서 경험했던 그리스도의 나타나심을 기대하고, 예수 그리스도께서 그의 혈통을 통해 오신다는 것을 믿었기 때문이다. 그는 자신의 위대함이 오직 하나님이 주신 은혜 때문이라는 것을 믿었고 그 근본이 그리스도이심을 선지자로서 미리 보고 믿었다.

그것이 하나님의 택하심을 지키는 가장 강력한 무기였고 피난처였다. 마찬가지로 빌라델비아 교회 사자가 하나님 앞에 택함을 얻어 주님이 열어주신 문을 들어갈 수 있게 된 것은 그의 능력이 출중하거나 완벽히 의로워서가 아니다. 첫째는 하나님이 택하셨기 때문이요, 둘째는 그의 택하심을 그가 믿었고 붙잡았고 그 일을 성령께서 도우셨기 때문이다.

우리도 마찬가지다. 모든 언약이 믿는 우리들을 위함이었음을 믿자. 이 글을 읽는 이방인이든 앞으로 읽게 될 유대인이든 상관없이 우리는 그저 그분의 택하심을 믿어야 한다.

그로 말미암아 다윗이 예수님의 조상이 되었고 동시에 그의 기업을 받을 자가 되었던 것과 같이 우리가 믿으면 우리는 그의 기업에 참여할 수 있는 자격을 얻게 될 것이다.

열린 문

예수님은 계 3:7~8절에 걸쳐 열면, 닫을, 닫으면, 열, 열린 문, 닫을 사람이 없다 등 '열고', '닫는다'는 말을 각 세 번씩 반복하신다.

우선 7절을 살펴보면 예수님의 모습은 '열면 닫을 자가 없고 닫으면 열 자가 없는 이'라고 기록되어 있다. 이 말은 그분이 여시는 것이 어떠한 것이든 예수님이 열면 열릴 것이고 닫으면 닫히게 될 것이라는 뜻이다. 그게 문이든 궤짝이든 상관없다.

그 문이 구원의 문으로 들어가는 것이든 죽음의 문으로 들어가게 되든 그가 열면 누구도 닫지 못하고 그가 닫으면 누구도 열 수 없게 만들 수 있는 분이 예수님이심을 보여주고 있다.

또한, 이 선택은 하나님의 거룩히 구별하심과 진실하심에서 오는 것이기 때문에 예수님의 선택은 하나님의 의지가 전가 된 것과 마찬가지다. 따라서 예수님이 하시는 모든 선택은 결코 변할 수 없음을 강조하고 있다.

이어서 예수님은 어떠한 '문'에 대하여 언급하신다. 그분의 소개서에서 반복적으로 열고 닫는다는 말을 두 번이나 기록했음에도 불구하고 바로 다음 절에 또 열린, 닫을 이라는 말을 반복하여 적고 있다.

이는 -그분의 열고 닫는 것 중의 하나인- '문'이 열리는 사건이 예수님께로부터 온 것이라는 점과 그 일을 결코 막을 수 없는 일이라는 점을 설명하기 위해서다. 여기서 사용된 '열린'이라는 단어는 완료형으로 기록되었다. 즉, 완전히 열린 문이라는 뜻이다.

여기서 유추할 수 있는 사실은 이 문이 한때 닫혀있었다는 점이다. 예수님이 열쇠를 가지고 이 문을 열었다는 것을 전제로 할 때 이 문은 아무도 열 수 없었으나 그분의 권세로 열게 되었다는 뜻으로 봐야 한다는 것이다.

그렇다면 이 문은 과연 어떠한 문일까. 이 문은 앞서 설명한 바와 같이 다윗과 연관되어 있고 예수님과 연관되어 있으며 하나님의 거룩하심과 진실하심을 입고 있는 상태와 관련된 문이다. 다윗의 혈통에서 나시고 하나님이 거룩히 구별하신 진짜 메시아만이 이 문을 열 수 있다. 이제 이 문은 완전히 열려 있다고 예수님은 말씀하시는 것이다.

이 문의 위치를 한번 보자. 여기서 사용하고 있는 '문'의 전치사는 ενώπιον으로 '눈으로 보는 자가 볼 수 있는 거리의 앞(before)'을 뜻한다. 그 문이 빌라델비아 교회 사자의 앞에 있기는 하되 가시거리에 있을 만큼 가깝다는 뜻이다.

이는 두 가지를 나타낸다. 첫째는 예수님의 구원이 그만큼 우리와 가깝다는 뜻이다. '천국이 가깝다, 내 의가 가깝다'와 같은 말씀은 예수님이 주신 구원이 바로 문전에 있다는 의미다.

예수님이 세상에 나신 순간 천국은 우리 바로 눈앞에 있으며 손만 뻗으면 얻을 수 있고 침노할 수 있게 되었다는 뜻이다.

두 번째는 마지막 때의 가까움을 의미한다. 막 13:29절에서 예수님은 '이처럼 이런 일이 일어나는 것을 보거든 인자가 가까이 곧 문 앞에 이른 줄을 알라'라고 말씀하신다.

인자가 가까이 왔다는 이곳의 말씀은 첫 번째 강림과 같이 구원을 위하여 오신다는 뜻이 아니다. 인자가 문 앞에 이르렀다는 것은 마지막 때곧, 심판의 때가 가까이 왔다는 것을 인지하라는 말씀이다.

예수님은 예수님의 세대를 향하여 마지막 세대라고 표현하신다. 또한 베드로도 예수님의 나타나신 세대를 세상 말미라고 표현한다. 이는 구원의 문이 열렸으니 우리가 임박한 마지막에서 빠져나와 그 문으로 들어가라는 하나님의 촉구라고 볼 수 있다.

하나님은 세상을 심판하실 때 동시에 구원도 행하신다. 이러한 경우가 구약에서 크게 세 번 나타나는데 첫째는 노아의 때, 둘째는 롯의 때, 셋째는 출애굽의 때라고 할 수 있다. 그 이후 크고 작은 심판과 구원이 반복되기는 하지만 이 세 가지 사건들이 가장 크게 나타나는 구원과 심판의 사건들이다.

이 세 번의 때는 공통적인 것이 있다. 첫째 멸망의 때라는 것, 둘째 그 가운데 하나님이 택하신 사람들이 있다는 것, 셋째 반드시 구원의 길과 심판의 길이라는 선택권이 있다는 점이다.

노아의 때에 구원을 얻을 수 있는 문은 오직 노아의 방주에 들어가는 것이다. 그 외에 모든 이들은 멸망했다. 롯의 때에 구원을 얻을 수 있는 문은 그 성에서 나오는 것이다. 소돔과 고모라에 여전히 남아있는 모든 이들은 다 멸망했다.

출애굽 때의 그림은 더욱 확연하다. 이스라엘 사람들이 구원으로 들어가는 문은 오직 열린 바닷길 외에는 없었다. 이 구원의 문이 이스라엘에는 구원이었으나 이스라엘과 함께 하지 아니한 모든 이들에게는 멸망이었다.

마지막 세대에 서 있는 성도들은 이와 같이 구원의 문이신 예수 그리

스도를 붙잡아야 한다. 이러한 개념을 베드로는 사도행전에서 명확하게
선포하고 있다.

> 선지자 요엘로 말씀하신 것이니 일렀으되 하나님이 가라사대 말세에 내
> 가 내 영으로 모든 육체에게 부어 주리니 너희의 자녀들은 예언할 것이요
> 너희의 젊은이들은 환상을 보고 너희의 늙은이들은 꿈을 꾸리라 그때에
> 내가 내 영으로 내 남종과 여종들에게 부어 주리니 저희가 예언할 것이요
> 또 내가 위로 하늘에서는 기사와 아래로 땅에서는 징조를 베풀리니 곧 피
> 와 불과 연기로다 주의 크고 영화로운 날이 이르기 전에 해가 변하여 어두
> 워지고 달이 변하여 피가 되리라 누구든지 주의 이름을 부르는 자는 구원
> 을 얻으리라(행 2:16~21)

예수님이 나시고 부활하여 승천하신 이후로 우리는 계속 말세를 살아
가고 있다. 이에 대하여 베드로는 하나님의 날이 "하루가 천년 같고 천년
이 하루 같다"는 이것을 잊지 말라고 경고한다. 즉, 하나님이 말씀하시는
말세는 '십 년 혹은 이십 년이 남았다'의 개념이 아니라는 것을 우리는
기억해야 한다.

요엘 선지자의 예언 속에서 말세에 일어날 일을 간단히 표현하면 구원
과 심판이다. 구원을 얻게 하시기 위하여 하나님의 영을 부어주시지만,
곧 불로 일어날 하나님의 심판의 날이 이른다는 것을 보여준다.

누구든지 주의 이름을 부르는 자는 심판 가운데서 구원을 얻을 수 있다는 것을 베드로도 요엘도 선포하고 있다. 예수님은 이러한 개념을 빌라델비아 교회 사자에게 다른 그림으로 보여주고 계신 것뿐이다.

마지막이 가까운 그때, 인자가 문 앞에 이른 그때 그가 들어갈 수 있는 유일한 문은 예수님이 다윗의 열쇠로 열어놓으신 구원의 문밖에 없음을 이 구절을 통해 보여주고 있다. 우리는 깨달아야 한다. 주님이 내일 오실지 다음 달에 오실지 우리는 알 수 없다. 그가 오시고자 하면 오실 것이다.

우리는 마지막을 살아가는 성도로서 항상 이 세대가 말세임을 인식해야만 한다. 이 세상의 심판에서뿐 아니라 영원한 심판을 이길 수 있는 유일한 길은 예수님이 열어 놓으신 구원의 문을 통과하는 것밖에 없음을 기억하며 살아야 할 것이다.

또 한 가지 덧붙이자면 예수님이 열어 놓으신 문은 그분이 가지신 열쇠로 열 수 있는 문이라는 것을 쉽게 유추할 수 있다. 즉, 어떠한 상황이든 예수님의 이름으로 구하는 모든 것을 그가 얻을 수 있다는 뜻이다. 이로 볼 때 그의 마음이 어느 곳으로 향하고 있는지를 알 수 있다.

요한 일서에서 요한은 이렇게 말한다.

사랑하는 자들아 만일 우리 마음이 우리를 책망할 것이 없으면 하나님

빌라델비아 교회 사자가 구하는 데로 예수님이 다 주실 준비가 되어
있다는 것은 그의 마음에 책망할 것이 없다는 뜻이다.

또한 그가 하나님의 계명을 지키며 살아가고 있다는 뜻이다. 그의 기
뻐하심을 얻고 있다는 것은 그를 믿고 있다는 뜻이기도 하다(히 11:6).

그만큼 빌라델비아 교회 사자가 예수님을 붙들고 있는 간절함과 그 믿
음은 모든 문이 열리게 했다. 그뿐만 아니라 그는 간구할 수 있는 사람
즉, 기도하는 사람이었음을 짐작하게 한다.

예수 그리스도가 다윗의 자손에서 나신 메시아임을 믿는 이만이 할
수 있는 행위였고 주님은 이를 기뻐하셨다. 그러나 이것은 전적인 빌라델
비아 교회 사자를 사랑하시는 예수님의 택하심이었고 구별하심 때문에
일어난 일이었다. 하나님이 예수님을 구별하시고 세상에 보내신 것과 같
이 말이다.

3장
적은 능력

아무도 자기를 속이지 말라 너희 중에 누구든지
이 세상에서 지혜 있는 줄로 생각하거든
미련한 자가 되어라
그리하여야 지혜로운 자가 되리라

고전 3:18

죄인이라 인정한다는 것

누군가 만약 나에게 '너는 겨우 이것밖에 안 되는 적은 능력을 갖춘 사람이다'라고 말하는 것을 듣게 된다면 기분이 어떨까. 어쩌면 화를 내거나 혹은 내가 이것도 하였고 이것도 하였으니 보라고 증거를 내밀지도 모른다.

되지도 않는 말을 지껄인다며 펄펄 뛰거나 네 따위가 뭔데 나에게 이런 말을 하느냐고 손가락을 치켜세우며 화를 낼 수도 있을 것이다. 혹은 우울감에 빠져 절망에 사로잡혀 있을지도 모른다.

만약 하나님이 그런 말씀을 하신다면 나는 어떤 반응을 하게 될까. '너는 이것밖에 안 된다'라고 하나님이 말씀하신다면 나는 과연 그 말에 수긍하며 '네 주님. 저는 그렇습니다'라고 고개를 숙이게 될까. 어쩌면 왜 내가 적은 능력을 갖춘 사람입니까? 하며 따져 묻게 될까.

이 명제는 옳고 그름을 가리는 상황에서도 적용되는 말인 것 같기도 하다. 누군가와 다투는 상황이라고 해보자. 내가 생각하기에 혹은 누가 봐도 상대편이 잘못한 것 같은 상황이 닥쳤다. 모두가 나를 위로하거나 화를 내주는데 하나님은 뜬금없이 '아니, 너는 죄인이다. 넌 그것밖에 안 된다'고 말씀하신다면 난 분명 그 말씀에 대해 이의를 제기하며 따질 것 같다는 생각이 든다.

성경의 한 인물을 가지고 와 볼까. 내가 다윗이 되었다고 상상해 보자. 사울은 귀신 들린 것이 확실하고 내가 잘못한 것이 없는 게 명백하다. 그럼에도 하나님은 내가 쫓겨 다니도록 놔두신다. 심지어 사울은 나를 죽이려 혈안이 되어있다.

하지만 그때 하나님은 내 안에 있는 죄악을 가리키시며 '너는 죄인이다'라고 말씀하신다. 또 기름 부은 받은 자를 죽이는 것은 잘못된 것이라고 말씀하시기까지 한다.

내가 다윗이라면 억울하다며 주님께 대들지도 모르겠다. 자그마치 십 년을 쫓겨 다니지 않았는가. 분명 잘못한 건 사울이고 옳은 건 내 쪽인데 하나님은 자꾸 나의 그릇된 모습만 지적하신다.

그리고는 너는 그것밖에 안 되는 사람이라는 것을 보여주신다. 적은 능력을 가진 '사람'일 뿐이라는 사실을 그러한 상황에서 알게하신다면 과연 나는 어떤 생각이 들까.

빌라델비아 교회 사자가 예수님에게 들은 말이 이와 같다는 생각을 해 본다. 예수님은 그에게 '너는 아주 미약하고 미미한 능력을 갖춘 자야.'라고 말씀하신다. 이처럼 자존심 상하는 말이 또 어디 있을까.

그 앞에 예수님이 열어둔 열린 문이 있는 것 따위는 신경도 써지지 않을 만큼 울화통이 치미는 말일 것이다.

여기서 사용된 '적은'에 해당하는 헬라어 μικρός(mikros)는 요즘 시대에 많이 쓰고 있는 micro의 어원이라고 할 수 있다. 사람의 눈에 판별되지 않을 만큼 작고 미약한 것을 정의하는 말이 μικρός다. 성경에서 이 단어의 예를 찾아보면 더욱 그 의미를 알 수 있다.

'무론대소'의 '소'에 해당하는 사람들을 표현할 때, 지극히 작은 자들, 겨자씨 비유, 낮은 사람, 적은 누룩같이 성경에서 가장 작은 것들을 비유하려 할 때 이 단어를 사용한다. 그러니 이 단어의 뜻을 너무나 잘 알고 있는 빌라델비아 교회 사자에겐 얼마나 더 수치스럽게 들렸을까.

게다가 이 편지는 모든 이들 앞에서 읽어야만 하는 것이기에 더더욱 그렇게 느꼈을지도 모르는 일이다.

마음이 가난한 자

하지만 그는 이 말을 들었어도 아무렇지도 않을 만큼 마음이 낮은 자였던 것 같다. 자신의 행위를 돌아보니 아무것도 한 것이 없어 보이고 뭐하나 내세울 것 없는 자신의 모습을 절실하게 느낀 것이다.

부자도 아니고 능력이 많은 것도 아니고 그렇다고 유대인들처럼 혈통적인 자랑도 없는 그런 사람이었을지도 모른다.

더 나아가 교회 내에서 모든 이들에게 본을 보일 만큼 거룩하고 신실한 생활을 하는 것도 아니요, 말씀을 기가 막히게 전하는 사람이 아니었을지도 모른다.

그게 아니라면 예수님이 그에게 '너는 적은 능력을 갖췄다'라고 말씀하실 이유가 없었다. 굳이 비교하자면 그는 세리와 같은 사람이었다. 바리새인처럼 율법을 철저하게 지키거나 말씀을 줄줄 외워 사람들을 가르칠 만한 능력이 있었던 사람이 아니었던 것 같다.

그럼에도 그는 예수님이 자신을 구원했다고 믿었고, 빌라델비아 교회 위에 자신을 지도자로 세워주셨다고 믿었다. 이러한 믿음의 형태는 다른 어떤 교회보다도 더 겸손한 모양일 수밖에 없었다.

행위가 야무졌던 에베소 교회 사자나 스스로를 부자라고 생각했던 라오디게아 교회 사자만큼 능력이 있진 않았어도 누구보다 겸손히 예수님을 인정했던 사람이었음을 짐작할 수 있다.

그 때문에 유대인들이 아무리 그를 비방하고 그의 혈통에 관하여 떠들어도 그는 자신의 자리를 떠나지 않았다. 또한, 황제의 권력으로 인해 핍박을 당하고 그로 인해 도망을 다니거나 고초를 당해도 하나님이 그가 믿는 유일한 하나님이라는 믿음을 놓치지 않았다. 세상이 더 커 보이고 세상이 세 보여도 그는 하나님이 더 크시고 하나님이 더 세다는 사실을 그저 단순하게 낮은 마음으로 믿었다.

우리는 여기서 빌라델비아 교회 사자의 심지와 그의 믿음을 마음에 잘 새겨야 한다. 도토리 키 재기라고 했던가. 실제로 능력이 많은 자든 적은 자든 하나님 앞에 가서 서면 우린 모두 죄인이요 능력이 적은 자들이라고 말할 수밖에 없는 존재일 뿐이다. 하나님이 보시기에 세상은 그저 물통의 작은 먼지와도 같은데 그 가운데 사는 사람은 오죽할까.

그럼에도 사람마다 그릇의 크기가 다르고 받은 달란트가 다르며 능력의 크기가 다른 법이다. 인간의 생각으로 그릇이 큰 자들은 큰 그릇을 가져서 그 능력의 크기 그대로 그 사람을 쓰실 것 같지만 그게 아니라는 것을 우리는 성경을 통해 확인할 수 있다.

하나님은 사람을 쓰실 때 그가 태어나면서 가지고 있던 능력 그대로를 발휘하게 하지 못하게 하신다. 더 정확히 말하면, 그 능력이 하나님 앞에 굴복하는 겸손을 갖추기까지 훈련에 훈련을 거듭하신다. 모세는 80년, 요셉은 13년 훈련받았다. 바울은 어떠한가?

큰 자일수록 아니, 크게 쓰임을 받을 자일수록 하나님은 그에게 더 많은 연단을 진행하신다. 이는 약할 때 곧 하나님의 강하심이 나타나시는 원리를 깨닫게 하려 함이다.

비단 실제로 연약해지는 현상만을 두고 말씀하시는 바가 아니다. 우리의 심령이 하나님 앞에서 아무것도 아님을 진정으로 인정하게 되는 그때가 바로 진실을 볼 수 있는 시점이기 때문이다. 본질적으로 마음이 겸손하여 하나님 앞에서 작아질 때 비로소 크신 하나님의 능력을 볼 수 있게 된다.

욥은 의로운 자였으나 그가 스스로를 의롭다 여길 때에는 진정한 하나님의 크심을 볼 수 없었다. 우리의 마음은 작고 또 작아져 예수 그리스도의 죽음에 실제로 묻혀야만 한다.

앤드류 머레이는 한 책에서 '오직 무력함의 무덤 위에서만 하나님의 생명과 능력이 피어난다'고 말한다. 이것이 육신적 그리스도인에서 신령한 그리스도인으로 가는 길이라고 그는 말한다.

신령한 그리스도인이 소유한 하나님의 능력은 육신적인 그리스도인의 능력과는 비교도 되지 않는다. 우리의 육신이 가지고 있는 능력, 재물, 명예 그 외 우리가 능력이 있다고 생각되는 모든 것들은 무력함의 무덤에 묻혀야만 한다.

베드로가 성전 미문에 앉은 앉은뱅이를 향하여 '금과 은은 내게 없으나 내게 있는 것으로 네게 주노니 곧 나사렛 예수 그리스도 이름으로 일어나 걸으라'고 힘차게 말한다. 그 말은 능력으로 나타났고 그는 걸었다. 우리는 버릇처럼 우리 안에 있는 많은 것 곧, 금이나 은이나 돈, 혹은 우리가 가지고 있는 어떠한 것으로 하나님의 일을 하려고 하는 경향이 있다. 자신있게 말하지만 이것은 결코 하나님의 방법이 아니다. 나의 자아는 하나님의 뜻을 단 한톨도 이룰 수 없다.

하나님의 일은 하늘의 것으로 해야만 한다. 육은 희망이 없다. 육은 단지 예수 그리스도의 죽음에 묻혀 썩어야만 하는 존재다. 우리의 육으로 할 수 있는 일은 그 일 하나뿐이다.

우리가 만약 우리 자신을 하나님 앞에 산 제사로 드린다면 예수님은 우리를 하나님의 생명 안에서 다시 태어나게 하실 뿐 아니라 성령의 놀라운 능력 안에서 우리를 사용하실 것이다.

우리는 그 앞에 서 있는 '적은 능력'의 사람임을 인정해야 한다. 그릇이 크든 작든 모든 이들은 이와 같은 과정을 겪어야 한다. 더 큰 능력을 가진 하나님의 사람일수록 그들이 하나님 앞에서 얼마나 작은 자요, 적은 능력을 가진 사람이라는 사실을 소스라치게 놀라며 깨닫게 된다.

겸손의 이유

왜 이러한 과정을 겪어야 하는가. 그릇이 큰 자든 작은 자든 다 이와 같이 하나님 앞에 나 자신이 아무것도 아님을 깨달아 다시 거듭난다면 그게 그거 아닌가 생각할 수 있다.

하지만 우리가 그것을 깨달았다 해서 우리를 태초 전에 정하시고 만드신 하나님의 계획은 사라지지 않는다.

처음 우리를 창조하신 때에는 완벽한 존재였으나 세상에 와서 그 아름답고도 완벽했던 것에 흠이 가게 된다. 흠 정도가 아니라 창조의 완전함을 몽땅 가릴 만큼 더럽게 되고 못 쓰게 된다. 우리를 예수 안에서 거듭나게 하시는 것은 하나님의 창조가 더더욱 드러나게 하려 함이요 두 번째 아담인 예수님을 닮아 새로운 피조물로서 그 처음 창조보다 더 완전하게 하기 위함이다.

새로운 피조물들은 그릇도 다르고 쓰임새도 다르다. 따라서 해야 할 일도 다르다. 다 목사나 교사로 쓰임 받지 않는 것과 같이 하나님 앞에서 우리는 모두 다르나 예수 안에서 하나 된 존재로 서 있는 것이다.

다만 우리가 하나님의 완벽하신 피조물로서 나타나기 위해서는 하나님의 큰 영광이 우리 안에 있음을 온전히 발견해야만 한다.

따라서 우리에겐 예수님이 가지셨던 겸손이 필수적으로 필요하고 이 겸손을 얻을 수 있는 유일한 방법은 내가 얼마나 하나님 앞에 작은 사람인가를 깨닫는 것이다.

한국에서 뉴욕까지 가야 한다고 할 때 자신의 튼튼한 두 다리만 믿고 가겠다고 하거나 다른 사람의 작은 돛단배를 빌려서 태평양을 건너겠다고 하는 미친 사람은 없을 것이다.

한국에서 뉴욕으로 갈 수 있는 가장 빠른 길은 비행기를 타는 것이다. 교만한 자의 시야는 자신의 다리나 다른 사람의 돛단배를 볼 뿐이지만 겸손한 자의 시야는 비행기를 가지고 있는 사람의 커다란 비행기를 볼 수 있다. 자신의 다리가 비행기에 비해 얼마나 하찮은지를 깨닫는 일은 태평양을 건너는 데 있어 필수적인 일이다.

이 땅의 일도 이러한데 하물며 하늘의 일일까. 하늘의 일을 행하고자 하는 사람이 자신의 능력과 재능만을 바라보는 것은 마치 우주선도 없이 우주를 가보겠다고 떼를 쓰는 것과 마찬가지다.

이 때문에 하나님은 우리에게 내 앞에서 겸손 하라고 말씀하신다. 예수님도 이 땅에서 일하실 때 이 덕목을 첫 번째로 두시며 일하셨다.

또 가라사대 우리가 하나님의 나라를 어떻게 비하며 또 무슨 비유로 나타낼꼬 겨자씨 한 알과 같으니 땅에 심길 때에는 땅위의 모든 씨보다 작은 것이로되 심긴 후에는 자라서 모든 나물보다 커지며(막 4:30~32)

여기서 비유하신 예수님의 겨자씨는 우리가 하나님 앞에서 인정해야만 할 '적음'을 두고 얘기하신 것이 아닐까 한다. 하늘의 일을 행하는 데 있어 가장 먼저 해야 할 일은 나의 '적음'을 하나님 앞에서 깨달아 그분에게 내어놓는 것이다. 오병이어의 작은 제물처럼 주님께 내 자신을 산제사로 드리는 것이다.

빌라델비아 교회 사자가 실제 예수님이 말씀하신 것과 같이 적은 능력을 가졌을 수도 있다. 하지만 우리가 여기서 반드시 얻어야 할 진리는 그가 정말 적은 능력을 가진 사람이냐 아니냐 하는 것이 아니다.

우리가 알아야 할 것은 주님이 우리에게 '너는 작은 자고 참혹한 죄인이고 능력이 미미한 자다'라고 말씀하셨을 때 진정으로 그 말씀에 고개를 숙이며 엎드려 동의할 수 있어야 한다는 점이다. 욥과 같이 두 손으로 그저 내 입을 가리울 수밖에 없다고 말할 수 있어야 한다는 점이다.

우리가 만일 그 일에 준비가 되지 않았다면 이렇게 구해야 할 것이다. 주님, 우리가 하나님 앞에 작은 자임을 깨닫게 하시고 우리의 교만한 마음을 고치셔서 주의 크신 능력을 보게 하소서 라고.

빌라델비아 교회 사자의 가장 큰 미덕은 바로 이러한 겸손이 아니었을까. 그 때문에 그 앞에 놓인 열린 문을 바로 볼 수 있지 않았을까 생각해 본다.

Revelation

4장

예수님의 인내

그 밭을 세례가 있기까지
나의 답답함이 어떠하겠느냐…

마 12:50

나의 인내

계 3:10절에서 예수님이 말씀하시는 인내는 다른 서신들에서 나오는 인내들(계 2:2 - …수고와 네 인내를 알고…, 계 2:3 - 또 네가 참고 내 이름을 위하여 견디고…, 계 2:19 - 내가…, 섬김과 인내를 아노니…)과는 다른 개념이다. 다른 구절에서 나타난 인내들은 모두 그 소유격이 '사자'에게 있다. 말하자면 그들이 참고 견딘 인내이지 예수님이 그들에 대하여 참고 견디신 인내를 지칭한 것이 아니라는 뜻이다.

그러나 이곳 계 3:10절의 인내는 '나의' 인내 즉, 예수님의 인내를 뜻한다. 예수님의 인내란 무엇을 가리키는 것일까.

'사자가 예수님의 인내의 말씀을 지켰다'라는 이 구절은 언 듯 볼 때 주님이 주신 말씀을 그가 '지켰다'고 생각하게 된다. 하지만 사실 이러한 행위에 앞서 먼저 우리가 살펴봐야 할 것은 예수님의 인내하심이 먼저 있었다는 점이다.

다시 질문하지만, 예수님의 인내는 무엇일까. 이 글을 읽는 이가 그리스도인이라면 예수님이 하셨던 인내를 모르지 않을 것이다. 그는 3년 반

111

의 공생애를 시작하시기 전 30년을 부모 밑에서 순종하셨다.

또한 그는 제자들의 적은 믿음을 인내하셨고 십자가에서 고난을 받으실 때 인내하셨다. 하나님의 마음을 아셨고 믿었기에 인내하셨다. 또한 하나님의 인내를 아셨기에 그도 함께 인내하셨다.

하나님은 아브라함이 그가 하시는 명령 곧 그곳을 떠나라는 말을 알아들을 때까지 인내하셨고 말씀하셨다. 그가 이삭을 가질 만한 믿음이 자라기까지 인내하셔야 했고, 그가 이삭을 바칠 만큼의 믿음이 자라기까지 기다리셔야 했다.

요셉이 13년을 기다린 것 같지만 실은 하나님이 13년을 기다리신 것이다. 그가 참 하나님을 발견하고 그와 함께 순전히 동행하며 그분의 뜻을 발견하기까지 그를 기다리신 건 하나님이다. 그의 교만한 성품과 서둘러 말을 뱉어버리는 성질을 잠재우기까지 13년이라는 시간이 걸린 것이다.

이와 같은 믿음의 선진들이 공통적으로 인정하는 한 가지가 있다. 그가 한 모든 행위가 모두 하나님께로부터 온 것임을 모든 이들 앞에서 인정했다는 사실이다. 요셉이 감옥에서 나와 바로의 꿈을 풀이할 때도 다니엘이 느부갓네살의 꿈을 풀이할 때도 그들은 서슴없이 하나님의 공로를 인정하고 높였다. 왜냐하면 그들은 하나님이 자신이 기다리셨다는 것을 알았기 때문이며 동시에 기다리라는 말씀 가운데 자신이 거하고 있다는 것을 믿었기 때문이다.

이와 같은 하나님의 인내는 예수님에게도 전가되었다. 예수님은 그의 제자들이 진정으로 깨닫기까지 쉬지 않고 가르치시고 모범을 보이셨고 말씀하셨다. 그리고 그의 제자뿐 아니라 그다음 제자들을 통해 예수님은 그의 인내를 보이시고 그 말씀 안에서 종들과 예수님이 구원하시는 영혼들을 지키셨고 지금도 지키고 계신다.

이 같은 맥락은 빌라델비아 교회 사자에게도 똑같이 적용된 것 같다. 예수님은 빌라델비아 교회 사자가 자신의 자아를 십자가에 못박고 하나님의 공로를 인정하여 그의 말씀 가운데 거하는 방법을 알 때까지 기다리셨다.

예수님의 인내는 빌라델비아 교회 사자의 겸손을 만드셨고 동시에 그도 그분의 인내의 말씀을 지키며 그 안에 거하고 있었던 것이다.

이것이 바로 우리가 모두 배워야 하는 빌라델비아 교회 사자가 가진 가장 큰 장점이라고 할 수 있다. 이러한 모습을 통해 온전히 드러나시는 분은 오직 예수 그리스도시며 하나님 아버지시고 성령님이시기 때문이다.

면하게

그렇다면 왜 빌라델비아 교회 사자만 유독 예수님의 인내가 필요했고 또 사자는 예수님의 인내의 말씀을 지켜야 했던 것일까. 우선 빌라델비아 교회 사자가 처한 상황을 한 번 자세히 살펴보자.

1. 사자의 눈앞에 예수님이 열어 놓으신 열린 문이 있다 - 그러나 그는 아직 들어가지 않았다.

2. 앞으로 거짓말하는 유대인들이 사자 앞에 와서 무릎을 꿇게 될 것이다 - 그러나 지금 유대인들은 사자에게 거짓말을 하고 있으며 아직 그의 앞에 무릎 꿇지 않았다.

3. 앞으로 주님이 사자를 지켜 장차 올 시험의 때를 면하게 할 것이다 - 시험의 때는 아직 오지 않았으나 오게 될 것이며 이날은 얼마 남지 않았다.

4. 주님이 속히 오실 것이다 - 아직 오시지 않았고 그 시기를 알지 못하나 속히 오실 것이다.

여기에 기록한 1, 2, 3, 4번의 앞 문장은 모두 주님이 그에게 약속하신 말씀들이다. 희망찬 말씀이고 소망이 넘치는 말씀이지만 뒤 문장이야말로 빌라델비아 교회 사자가 처한 현 상황이라고 할 수 있다.

도미티아누스 황제의 핍박뿐 아니라 거짓 유대인의 거짓말까지 가세한 지금, 사자의 삶은 처참했다. 여기를 가도 핍박이요, 저기를 가도 범의 아가리인데 더욱 처참한 미래는 앞으로 이보다 더한 시험의 때가 오리라는 주님의 말씀이었다.

그렇다면 대체 예수님이 열어놓으셨다는 열린 문이란 무엇인가. 과연 나는 여기서 어떻게 살아갈 수 있단 말인가. 아마도 믿음이 적은 자들은 지금 자신이 처한 암울한 상황 때문에 예수님의 희망의 말씀이 그저 말 뿐이라고 생각하며 위와 같이 한탄할 수도 있을 것이다.

어쩌면 빌라델비아 교회 사자도 두려움에 사로잡혀 근근이 믿음을 지키며 살아가고 있었던 건지도 모른다. 그러나 주님은 그가 적은 능력을 갖춘 자임을 아셨다. 그가 연약하고 나약한 사람임을 아셨다. 그런데도 예수님의 이름을 놓치지 않고 주님의 인내 안에서 어떻게든 붙잡고 살아가고 있었음을 아셨다.

또한 이것이 오히려 그에게 하나님의 강한 능력이 임할 수 있었던 조건이라는 것을 알고 계셨다. 그 때문에 앞으로 오는 시험의 때를 면하게 해주겠다고 말씀하시는데 과연 그 정확한 뜻은 무엇일까.

여기서 말하는 '면하다'에 속한 헬라어는 '시험의 때로부터 나가게'의 '나가게'에 해당한다. 하지만 원문으로 보면 이 단어는 동사가 아니고 '~로부터 나오는'을 뜻하는 헬라어 전치사 εκ(ek)가 시험의 때라는 말 앞에 붙은 것뿐이다.

주로 어느 장소에서 빠져나오는 동작을 표현할 때 이 전치사를 사용한다. 영어로 치자면 'out of'나 'from' 같은 격이라고 보면 될 것이다.

이러한 단어의 사용을 통해 가만히 생각해보면 이 전치사로 나타난 동작이 열린 문으로 들어가는 동작과 연결된다는 것을 알 수 있다. 시험의 때를 면하는 것도 열린 문으로 들어가는 주체도 모두 사자이기 때문이다.

이 주체가 모두 같다면 사자가 시험의 때를 벗어나는 방법은 예수님이 열어놓으신 열린 문으로 들어가는 방법이 유일하다는 사실을 알 수 있다.

예수님이 열어놓으신 열린 문 안엔 과연 무엇이 있을까. 이 구절과 비슷하게 대치된 구절을 다른 성경 구절들에서 찾아보자.

요 12:46절에서 예수님은 자신에 대해 '나는 빛으로 세상에 왔나니 무릇 나를 믿는 자로 어둠에 거하지 않게 하려 함이로라'라고 말씀하신다.

이 말씀의 원문을 그대로 번역하면 '나는 세상 속으로 들어온 빛이다, 내 안에서 믿는 모든 이들이 어둠에 거하지 않게 하기 위해서'라고 할 수 있다.

시험의 때에서 나와 열린 문 안으로 들어가는 것과 요 12:46절의 어둠에 거하나 예수님의 빛으로 들어와 거해야 한다는 두 구절의 구조는 사실상 같은 메시지라고 할 수 있다.

말하자면 예수님은 어둠에 가득한 땅에 오셨으나 땅에 속하지 않은 빛의 공간이고 우리가 그 안에 거하면 세상에 있으면서도 세상의 어둠에 속하지 않을 수 있다는 뜻이 된다. 우리는 여기서 예수님이 말씀하신 열린 문 안의 공간이 어떤 곳인지 짐작할 수 있다.

세상을 피하거나 세상에서 아예 사라지는 것이 아니라 우리는 세상 속에 그대로 있되 우리가 예수 그리스도께 속함으로 하늘에 속한 사람으로서 살아간다는 뜻일 것이다.

물론 주님이 말씀하신 말세의 시험의 때에 하나님이 특별한 공간이나 장소를 준비해 주실 수 있다. 혹은 그 시대에 하늘로 옮겨가거나 죽음을 통해 주님 앞으로 갈 수도 있을 것이다.

그러나 우리가 알아야 할 것은 그곳이 되었건 다른 시대의 감옥이 되었건 죽음의 위기에 있건 하늘에 있건 예수님의 빛의 공간은 모든 세대를 막론하고 우리의 피난처요 안전한 거처가 된다는 사실이다.

어떠한 상황에서도 이길 힘을 주시고 그의 전능하심이 성도를 지키신다는 약속은 모든 성경에서 말하고 있는 변하지 않는 진리다. 이 구절에 대하여 매우 조심해야 하는 것은 계시록에 관한 논란 중 시험의 때 이전 혹은 후에 성도들이 어찌어찌 된다는 많은 주장이 나왔기 때문이다.

이에 대하여 잠시 얘기하자면 주님이 말씀하신 시험의 때에 대하여 각 시대와 교회가 해석하는 시각은 다를 수밖에 없다.

도미티아누스 황제 때 주님이 말씀하신 시험의 때라는 것은 서신을 받은 교회가 생각했을 때 당시의 상황이었을 가능성이 많다. 그보다 더한 박해는 있을 수 없다고 생각했을 것이기 때문이다. 그들이 알고 있는 온 세상을 시험하는 때의 온 세상은 도미티아누스가 집권하고 있는 지역에 한정되어 있었을 것이라는 추측을 해 본다.

당시 그들에겐 도미티아누스가 집권하고 있는 땅들이 그들이 알고 있는 세상 전부였다. 따라서 이러한 주님의 말씀은 그들에게 확실한 언약이었고 선포였으며 이러한 착각(?)은 부득불 필요한 요소였다.

왜냐하면 그들에게 필요한 것은 주님을 향한 굳건한 믿음이었고 이 믿음만이 그들을 생명의 문으로 인도할 수 있었기 때문이었다. 하나님의 지혜는 모든 세대의 자녀들을 자신의 구원으로 들이는 데 목적을 둔다.

그러나 이 세상 말미를 사는 우리들은 온 세상을 시험하는 마지막 때가 무엇인지를 더더욱 정확하게 알 수 있는 지식을 가졌다.

그럼에도 우리는 2000년 전 성도들이 가졌던 굳건한 믿음이 필요하고 또한 이 믿음을 얻기 위해 고군분투해야 한다.

빌라델비아 교회 사자와 초기 교회 성도들에게 장차 시험의 때가 오게 되리라고 말씀을 하셨던 것은 그때가 주님이 보시기에 가까이 왔기 때문이며 따라서 이 메시지는 오직 그 사자에게만 말씀하신 것이 아니라 지금 이 시대를 사는 우리를 위한 말씀이기도 함을 기억해야 한다.

다시 본문으로 돌아오면 사자에게 닥칠 중요한 미래는 앞으로 시험의 때를 마주치게 될 것이라는 사실이다. 만일 그가 시험의 때를 마주치지 않을 것이라면 예수님이 이 말씀을 하실 이유가 없었을 것이다.

다시 한번 말하지만 온 세상이라고 하면 현시대를 사는 우리가 생각하기에 모든 대륙과 섬들을 포함한 온 세상이라고 생각할 수 있지만, 초기 교회는 다르게 생각했음이 분명하다.

그 시대에 그들이 생각하는 온 세상은 도미티아누스가 통치하고 있는 영역뿐이었다.

미국 대륙이나 호주 대륙 혹은 저 먼 아시아의 나라는 아직 발견되지 못했거나 누군가 발견했더라도 그들이 생각하는 세상은 아니라고 믿었을지도 모른다. 따라서 시험의 때라는 것은 완전한 마지막 즉, 주님이 세상을 심판하시기 전의 때를 말할 수도 있지만 각자에게 임하는 시험의 때를 지칭하기도 한다는 것을 알 수 있다.

역사적 시기상 마지막 때든 개인에게 주어진 마지막 때든 시험의 때를 면할 수 있는 유일한 방법은 지금 당장 주님이 열어놓으신 문 안 곧 주님의 빛 가운데 거해야 한다는 것이다. 또 주님의 편지를 읽고 있는 지금뿐 아니라 매일 그렇게 해야만 한다.

이것은 결국 시시때때로 일어나는 핍박과 위기에서 건지시는 예수님의 구원을 상징하며 그 구원을 열 수 있는 열쇠 곧 기도가 매일 이뤄져야 한다는 것을 의미한다.

매일 이렇게 해야 하는 이유는 진짜 시험의 때를 면하기 위해서다. 우리는 이를 위해 일상에서 바울이 말한 '날마다 죽노라'는 말을 기억해야 한다. 아니, 기억할 뿐 아니라 매일 기도하며 실천하고 연습해 보아야 한다.

날마다 예수와 함께 죽는 자만이 진짜 마지막 때(개인적, 공적 마지막 때)가 왔을 때 예수와 함께 죽고 예수와 함께 살 수 있기 때문이다. 이런 이유로 주님은 시험의 때가 오기 전에 수많은 성도들에게 이 확고한 진리와 훈련을 강조하셨다.

이러한 시험의 때를 말씀하신 것이 벌써 2000년 전이지만 예수님은 그 때나 지금이나 하나님의 교회가 말세를 살아가고 있다고 말씀하신다. 왜냐하면 이러한 개념이 우리의 영혼을 구하는데 가장 큰 유익을 주기 때문이다. 죽음의 기로를 생각하며 매일 사는 사람과 아닌 사람의 삶은 하늘과 땅 차이다.

시험의 때가 코앞에 있다고 믿으며 살아가는 사람과 아닌 사람은 삶을 대하는 태도가 다르다. 한 사람이라도 더 얻기 위한 하나님의 지혜와 모략은 우리가 다 알 수 없을 것이다.

그럼에도 불구하고 분명 주님이 말씀하신, 온 세상을 시험하는 시험의 때는 반드시 오게 될 것이다. 그리고 주님은 속히 오실 것이다. 우리는 이것을 믿어야 하고 우리가 그 전에 주님 나라에 가든, 가지 않든 시험의 때에 들어간다고 생각하고 그때를 면하기 위해 주님의 빛 안으로 들어가는 연습을 매일 해야만 한다.

빌라델비아 교회 사자를 향해 열어놓으신 문은 예수님이 오신 이후로 언제나 열려 있기 때문이다. 그 문으로 들어갈지 아닐지는 오로지 우리의 선택일 뿐이다.

다가올 시험의 때, 곧 오시는 예수님, 그 시험의 때에서 나오는 유일한 길 열린 문, 이 모든 것들은 적은 능력을 가지고 겸손하게 예수 앞에서 고개 숙인 우리가 모두 하나님의 전능하심 가운데 들어가 매일 시험에서 면하심을 입게 하는 중요한 개념이다.

롯의 때와 같이

그렇다면 하나님은 왜 세상이 그 지경이 되도록 기다리시는 것일까. 왜 그토록 인내하시는 걸까. 하나님의 인내가 있었던 때를 들자면 끝도 없지만, 역사적으로 살펴보면 노아의 홍수, 소돔과 고모라, 출애굽, 이스라엘의 패망, 로마의 멸망 등을 들 수 있다.

이때 일어났던 공통적인 특징은 극심한 우상 숭배와 그에 따른 도덕적 타락이 만연했다는 점이다. 음행과 살인 같은 일들은 말할 것도 없거니와 무엇보다 사랑이 식는 현상이 사회 전반적으로 나타나고 있었다.

노아의 홍수 때는 하나님이 인간을 향해 '육체가 되었다'고 할 만큼(창 6:3) 극심한 타락이 온 세상에 가득했다. 율법도 계명도 없었기 때문에 사람의 양심에도 규제가 없었다. 따라서 말로는 차마 할 수 없는 끔찍한 죄악들이 일어났을 것이다.

소돔과 고모라를 가장 잘 나타내는 장면이 있다면 창 19:5절일 것이다. '그에게 이르되 이 저녁에 네게 온 사람이 어디 있느냐 이끌어내라 우리가 그들을 상관하리라'는 구절은 롯을 보러 온 천사를 내놓으라는 어처구니없는 요구다.

천사는 남자였다. 이 사람과 성관계를 할 테니 내놓으라는 말을 하는 것을 보면 그 시대가 얼마나 타락했는지를 추측할 수 있다.

동성애 뿐 아니라, 소돔 고모라 안에 더 이상 성관계를 할 수 있는 육체의 상태를 가진 사람이 아무도 없을 만큼 타락했다는 것을 보여준다. 그 타락으로 인해 사회의 악함은 극에 달했다.

이제 막 성읍에 도착한 사람을 양심에 거리낌도 없이 범하려 했다는 것은 그 사회가 가진 악이 그들의 버릇과 관습처럼 되어버렸다는 것을 보여준다.

이스라엘 백성은 애굽 치하에서 430년의 노예 생활을 했다. 애굽은 이스라엘 백성들을 더 감당할 수 없게 되자 그들이 아들을 낳으면 나일 강의 악어에게 던져줬다. 그들의 부르짖음이 하나님 앞에 상달했다는 것은 그만큼 애굽인들의 학대가 극심했다는 것을 보여준다.

여기서 볼 수 있는 하나님의 인내는 이스라엘을 위한 것이기도 했지만 애굽 사람들에 대한 인내기도 했다. 이 때문에 하나님은 애굽에 10가지 재앙을 행하실 때도 그분의 인내를 보여주신다.

출 9:15절에서 하나님은 바로에게 '내가 온역으로 너와 네 백성을 쳤다면 네가 세상에서 끊어졌을 것이나'라고 말씀하신다. 말하자면 한 번에 애굽 백성들을 몰살시키고 이스라엘을 데리고 나올 수도 있었지만 그렇게 하지 않은 것은 여호와의 이름이 온 천하에 전파되기 위함이라고 말씀하신다.

온 천하에는 많은 나라가 있었지만, 무엇보다 애굽도 포함되어 있다. 애굽에 있는 백성들도 하나님의 인내를 알기를 원하셨다는 뜻이다.

이러한 사건들을 살펴볼 때 우리는 하나님이 인내하시는 몇가지 이유를 알 수 있다. 하나님은 세상이 조금이라도 하나님의 선하심을 볼 수 있기를 원하신다.

애굽의 바로를 강퍅하게 하신 것은 그분의 이름이 전파되기를 원하시기 때문이기도 하셨지만, 그 전파됨을 인해 애굽에 살았던 사람들 중 하나님의 선하심을 바라보고 싶어하는 사람들이 이스라엘의 진영으로 들어오기를 원하셨기 때문이다. 바로의 강퍅함이 있어야만 애굽 안에서 거하던 사람들 중 몇이라도 구원 받을 수 있기 때문이다.

하나님의 인내는 단지 교회만을 위한 것이 아니라 교회가 서 있는 세상의 많은 이들이 교회를 통해 하나님의 인내를 보기를 원하셨기 때문이다. 이를 위해 하나님은 교회의 성도들과 종들이 변화되기를 기다리신다. 애굽에서 태어난 모세를 하나님은 80년이나 기다리셨다.

이는 그 종의 자유의지를 존중하신 하나님의 사랑이었고 인내였다. 교회를 기다리셔서 세상을 기다리고 계신 하나님의 의지를 교회를 통하여 보이시는 것이다. 롯의 인내가 있었던 것은 하나님의 인내가 먼저 있었기 때문이다. 노아의 인내가 있었던 것도 하나님의 인내가 그에게 있었기 때문이다.

노아의 기다림은 곧 하나님의 기다림이었다는 것을 알 수 있다. 하나님은 홍수 이전의 구원을 위해 노아를 120년 동안 기다리게 하셨다. 그것이 세상에 대한 하나님의 인내였다.

어쩌면 이곳의 구절 '나의 인내의 말씀을 지켰다'는 것은 노아가 기다린 것과 같이, 이스라엘이 430년을 기다린 것과 같이 혹은 모세가 80년을 기다린 것과 같이 빌라델비아 교회 사자도 기다렸다는 뜻이 아닐까 생각해본다.

Revelation

5장
빌라델비아 교회
사자에 관하여

이기는 자는 내 하나님 성전에 기둥이 되게 하리니
그가 결코 다시 나가지 아니하리라 내가 하나님의
이름과 하나님의 성 곧 하늘에서 내 하나님께로부터
내려오는 새 예루살렘의 이름과 나의 새 이름을
그이 위에 기록하리라

계 3:12

상황

서신에 나와 있지는 않으나 명백히 우리가 알 수 있는 역사적 상황 즉, 빌라델비아 교회 사자가 처한 상황은 빌라델비아 교회뿐 아니라 모든 아시아의 일곱 교회가 로마령 아래에서 도미티아누스 황제의 핍박을 받고 있다는 점이다.

또한, 마지막 남은 사도인 요한은 밧모섬에 유배되어 가장 영향력 있었던 지도자의 부재로 교회가 불안해진 상태였다. 이러한 가운데 빌라델비아 교회 사자도 다른 교회 사자와 마찬가지로 로마의 핍박에 힘겨워했을 것이다.

거기에 더해 매우 실제적이지만 영적으로 미혹하는 또 하나의 존재가 있었으니 그는 거짓말하는 유대인이었다.

여기서 우리는 그들의 거짓말이 어떤 것이었는지 잘 알지 못한다. 하지만 이 단어들로 짐작건대 그들은 필시 유대인이라는 그들의 신분에 초점을 맞추고 있었음을 알 수 있다.

하나님의 선민이라는 신분, 이방인들에 대한 그들의 관념상 빌라델비아 교회 사자는 유대인이 아니었거나 혈통적으로 교회를 이끌어 가기에 부족한 사람이었음을 추측할 수 있다.

게다가 그는 적은 능력을 가진 자로서 바리새인이 세리를 죄인 취급했던 것과 같이 그를 비하하는 발언을 했거나 모욕을 줬을 수도 있다. 그것이 아니라면 예수님은 굳이 '유대인'이 거기에 있다는 사실을 언급하실 이유가 없었을 것이다.

어쨌거나 빌라델비아 교회 사자는 어느 모로나 부족한 사람이었다. 혈통적 경제적 능력, 또는 그 사람만의 능력의 크기조차 부족하고 모자란 사람이었을지도 모른다. 그는 예수님께로부터 적은 능력이라는 말을 들어도 수긍할 수 있을 만큼 자기 자신이 가지고 있는 비참한 상태에 대하여 알고 있었다.

그럼에도 그의 가장 큰 장점은 예수님이 자신을 사랑하시며 그로 말미암아 자신이 하나님의 자녀가 되었으며 이 모든 상황에서 예수님은 그와 그의 교회를 건져주실 것을 믿었다는 것이다.

유대인들의 거짓말은 이러한 그의 믿음을 대적하고 미혹하는 말이었을 것이다. 이처럼 도미티아누스 황제의 핍박뿐 아니라 유대인들의 비방과 거짓말이 그를 압박하고 있었다. 이것이 그의 **현실**이었다.

또한 그가 가지고 있는 면류관을 빼앗으려 하는 누군가가 그의 주위에 있다고 주님은 말씀하신다. 이 말은 그가 자신의 면류관을 예수님 앞에

갈 때까지 지켜야 한다는 것과 사자의 행위 여부에 따라 그 면류관이 주어질 수도 아닐 수도 있다는 것을 의미한다.

그가 지금 가지고 있는 면류관은 그가 이기지 않으면 누군가에게 빼앗길 수도 있다는 뜻이다. 따라서 그는 죽는 날까지 믿음을 지켜야만 한다.

게다가 앞으로 그에게 닥칠 미래는 온 세상을 향한 시험의 때다. 지금의 세상도 악하기 짝이 없건만 그가 앞으로 봐야 할 시험의 때의 세상은 그보다 더 악하다고 예언하신다. 이것이 빌라델비아 교회 사자가 살아가고 있는 현재의 상태였고 미래였다.

믿음

그러나 예수님은 적은 능력을 가진 그에게 말도 안 되는 약속을 건네신다. 예수님은 빌라델비아 교회 사자 앞에 열린 문을 두었다고 말씀하신다. 그러나 대체 어떤 문이 열렸다는 것인지, 그것이 구원의 문을 뜻하는 것인지, 피할 수 있는 공간의 문이 열렸다는 것인지 그는 알지 못한다.

그런데도 그는 믿었다. 그가 믿을 수 있다고 판단하셨기에 주님은 이 말씀을 주신 것이다. 주님은 그의 적은 능력을 언급하시면서 '내가 네 행위를 안다'고 말씀하신다.

즉, 적은 능력이 도출해낸 행위가 얼마만큼 그가 애쓰고 최선을 다한 믿음의 고백이었는지를 아신다는 뜻이다. 세리가 성전에 들어가지도 못하고 서서 고백했던 그것과 비슷했다.

자신을 비방하고 비하했던 잘난 유대인들의 말에 고개를 숙이며 아무 말도 하지 못했던 처지가 비참했지만, 그는 믿었다. 주님은 그를 사랑하시고 절대 떠나지 않으실 것을 믿었다. 주님은 이런 그를 향해 '내가 너를 얼마나 사랑하는지 그들에게 보여줄 것이다, 그들이 네게 무릎 꿇게 될 것이다'라고 약속해 주신다.

이 말씀에 이어 예수님은 또다시 그에게 위로하신다. 그의 적은 능력이 믿음의 행위를 만들어 냈다는 진실을 말씀하심으로 위로하신다.

'네가 나의 인내의 말씀을 지켰은즉', 이 말씀은 빌라델비아 교회 사자와 예수님 사이의 두 가지 상황과 두 가지의 사랑을 포함하고 있다.

하나는 사자가 예수님에 대한 믿음과 말씀을 지킨 상황이요, 또 하나는 예수님이 사자가 인내의 말씀을 지켰을 때뿐 아니라 그가 방황하고 있었을 때도 그를 기다리셨다는 상황이다. 그가 믿음을 지킬 수 있을 때까지 인내하셨다.

이 두 가지 상황에서 나타난 사자의 사랑와 예수님의 사랑은 서로가 서로를 지키는 아름다운 기적을 만들어 냈음을 보여준다.

이것 때문에 예수님은 이제 더욱 더 커다란 시험의 때가 다가와도 그가 걱정할 필요가 없다는 것을 알려주신다.

'내가 널 지킬 것이다. 내가 너와 함께 할 것이다. 네가 나와 함께 한다고 고백하는 한 열린 문은 그때도 있을 것이다. 그 문이 어떤 문이든 내가 열어놓을 것이다.'

이제 사자가 해야 할 남겨진 믿음의 행위는 시험의 때 곧 예수님이 임하실 그때 그가 가진 것을 굳게 잡아서 절대 그의 면류관을 빼앗기지 말아야 한다는 것이다. 이때가 언제인지는 아무도 알지 못한다. 하지만 그는 상관없다.

지금까지 함께 하신 예수님은 약속대로 거짓말하는 유대인들을 그의 앞에 무릎 꿇릴 것이며 시험의 때가 아니라 그보다 더 악한 때가 온다고 할지라도 그는 예수님의 빛 가운데 거할 거란 믿음이 그에게 있었다.

예수님은 그를 인내해 주셨고 그 인내 안에서 그는 예수님의 말씀을 지켰다. 열린 문은 그의 눈앞에 있고 그가 구하기만 한다면 그는 언제든 들어가게 될 것이다.

탕자의 회심

참으로 안타까운 일이지만 그리스도인들 대부분은 탕자의 비유 속에 나오는 첫째 아들과 비슷하다. 모든 재산을 다 탕진하고 음탕한 계집과 함께 온갖 더러운 일을 다 하다 돌아온 동생을 도무지 이해하지 못한다.

더욱 이해하지 못하는 건 그가 돌아왔을 때 그를 대하는 아버지의 행동이다. 무릇 일을 열심히 한 아들에게 더 많은 것이 돌아가야 하고 탕진한 아들에겐 벌을 내리는 것이 마땅한 게 아닌가. 하지만 이러한 판단과는 정반대로 행동하는 아버지의 어처구니없는 행동에 첫째 아들은 불만을 가진다.

아직 죽지도 않은 아버지에게 유산을 미리 달라 말하고 그 유산을 창기와 함께 말아먹은 그가 돌아오자 손에 가락지를 끼워주고 옷을 입히고 소를 잡아 잔치하는 말도 안 되는 처사는 그에게 용납될 수도 없고 이해도 안 되는 행위였다.

자신은 동생이 밖에서 제멋대로 구는 동안 열심히 일했고 아버지가 시키는 대로 다 했음에도 염소 새끼 하나 잡아주지 않더니 말이다.

집 안이든, 직장에 다니든, 심지어 교회 안이든 우리 눈에 행위나 모습이 마음에 안 드는 사람이 반드시 있게 마련이다. 도무지 하나님을 섬기는 것 같지도 않고 교회에 잘 나오지도 않을뿐더러 하는 행동 하나하나가 눈에 거슬리는 사람이 있다.

그러나 우리는 생각지 못한다. 그가 둘째 아들일지도 모른다는 생각

혹은 적은 능력을 가진 빌라델비아 교회 사자일지도 모른다는 생각 말이다. 그를 향해 비방했던 말, 생각들이 도리어 나에게 돌아와 너는 그에게 거짓말을 했으니 무릎을 꿇고 사죄를 하라고 주님이 말씀하실지도 모른다.

우리가 했던 행위와 주님이 주신 축복에 교만해져 비천하고 비굴한 삶을 살고 있다고 그들을 판단했던 우리의 악한 마음이 언젠가 거울로 비춰 보는 것처럼 선명하게 우리를 정죄할지도 모른다.

빌라델비아 교회 사자나 탕자가 가지고 있었던 것은 단지 적은 능력이 아니었다. 그들이 가지고 있는 마음은 상한 심령이었고 가난한 마음이었다. 나의 자아는 다 사라지고 오직 예수 그리스도만 있는 상태였다.

탕자는 겸손해질 수밖에 없었다. 이제 다 잃어보니 내게 남은 것은 아버지 한 분뿐이었다는 후회에도 불구하고 가서 종이라도 되어 아버지 옆에 살겠다는 비천한 믿음이 그에게 있었다. 귀신들린 딸을 가진 이방 여인이 예수님에게로 와서 개라도 되겠다는 마음과 같았다.

'너는 개다'라는 얘기를 듣고도 예수님의 옷자락을 붙들었던 마음, 모든 것을 탕진하고 나서도 용기를 내어 아버지께로 돌아오는 마음이 빌라델비아 교회 사자가 가진 믿음이었고 적은 능력의 실체였다.

모든 이들의 수치로 살았고 모든 사람의 눈총과 판단을 받으며 살았으나 그는 결국 세상에서 살아있을 때 주님께로 돌아왔다. 한 번 잃어버렸으니 다시는 잃지 않겠다는 각오로 그는 믿음을 지켰다. 핍박과 수치가 있어도 그는 이제 다시는 나가지 않을 것이라는 각오로 주님이 기다려주셨던 그 사랑을 놓치지 않았다.

이러한 간절한 붙듦은 예수님 쪽에서도 마찬가지였다. 빌라델비아라는 말이 가지고 있는 뜻처럼 예수님과 그는 친구처럼 사랑할 수 있는 사이가 되었다. 그래서 예수님은 '네가 세상에서 이기기만 하면 다시는 놓치지 않고 너를 내보낼 수 없도록 성전의 기둥이 되게 할 것이다'라고 약속하신다.

계 21:22절에서 요한은 성 안에 성전을 도무지 보지 못하였다고 기록한다. 성전이 없는데 어떻게 성전의 기둥으로 삼아주시겠다고 말씀하신 걸까. 이는 성전이 되어주시는 하나님과 예수님의 마음에 기둥이 될 만큼 단단하게 그를 붙들고 있을 거라는 약속이다.

이 약속 또한 '귀 있는 자는 성령이 교회들에게 하시는 말씀을 들을지어다'의 문장 앞에 있다. 즉, 그 약속은 영원 진행형이 될 거라는 뜻이다. 그가 천국에 가서도 예수님은 빌라델비아 교회 사자를 영원히 마음속의 기둥처럼 생각하신다는 말씀이다.

천국에서 빌라델비아 교회 사자는 더 이상 수치의 상징이 아니다. 하나님의 성의 새 이름이, 새 예루살렘 성의 새 이름이, 예수님의 새 이름이 영광스럽게도 그의 위에 있다. 예수님이 대놓고 자랑해주시겠다는 뜻이다.

세상에서 수치를 얻으면서도 예수님의 이름을 붙들었던 그가 이제 예수님의 이름으로 인해 영원히 영광을 얻으며 살아가게 되는 것이다.

모든 교회를 향한 예수님의 간절한 마음

빌라델비아 교회 사자를 향한 서신에는 우리 교회가 반드시 가지고 가야 할 영원한 진리가 곳곳에 숨겨져 있다. 물론 다른 교회를 향한 서신에서도 이러한 부분을 찾을 수 있지만, 특별히 빌라델비아 교회 사자의 서신에는 매우 탄탄한 기둥과도 같은 진리가 숨겨져 있다.

우리가 붙들어야 할 예수님의 모습은 하나님이 구별하신 거룩한 구원자시다. 또한 그는 진짜 구원자다. 이 세상은 하나님이 구별하지도 않은, 부르신 적도 없는 가짜 예수가 많다. 그들은 자신을 향해 하나님이라 말하기도 하며 그렇게 말하지 않더라도 스스로 우상이 되어 자신을 섬기라 말하는 존재들이다.

우리를 구원할 수 있는 분은 오직 예수 그리스도 한 분뿐이다. 권력도 돈도 지식도 그 어떤 것도 우리를 구원할 수 없다. 우리 안에 있는 자아는 어떻게 해서든 스스로 그리스도라고 말하는 거짓 그리스도를 향해 나아가려고 발버둥 친다. 욕망으로 우상을 만들어내 숭배하게 하는 것이다.

우리는 이러한 자아로부터 탈출해야 한다. 여기서 탈출할 수 있는 유일한 방법은 진짜 그리스도이신 예수님을 믿는 것뿐이다.

예수님은 혈통적으로도 수없이 많은 예언을 따라 나신 메시아다. 구약에서 나오는 수천 구절의 예언은 메시아가 다윗의 혈통을 따라 나시는 분이며 어떠한 인간도 열지 못했던 구원의 문, 천국의 문을 그가 열게 될 것이라고 예언한다.

그는 다윗의 열쇠를 가진 자로서 모든 인류가 다 달려들어도 당할 수 없는 구원자이시다. 도미티아누스 황제뿐 아니라 우리를 압박하고 있는 어떠한 영적인 존재, 상황, 권력, 환경도 그의 구원을 무력화시킬 수 없다.

내가 확신하노니 사망이나 생명이나 천사들이나 권세자들이나 현재 일이나 장래일이나 능력이나 높음이나 깊음이나 다른 아무 피조물이라도 우리를 우리 주 그리스도 예수 안에 있는 하나님의 사랑에서 끊을 수 없으리라 (롬 8:38, 39)

그의 구원을 무력화시킬 수 없는 단 하나의 이유는 하나님이 우리를 사랑하시기 때문이다. 그를 믿고 사랑하는 모든 이들에겐 무적의 능력 예수가 있다. 하나님이 우리를 사랑하시기에 예수 그리스도를 구별하여 이 세상에 보내신 것이다.

이 때문에 우리에겐 열린 문이 있다. 그 문으로 들어가면 예수 그리스도라는 천국이 있다. 천국의 열쇠는 예수님의 손에 있고 우리는 구하기만 하면 그 열쇠로 천국 문을 열어 주실 것이다.

그 열쇠를 예수님이 사용하게 하시는 원동력이 무엇인가. 바로 기도다. 기도하기만 하면 우리는 천국의 창고를 열 수도 있고 거기에 더 나아가 천국을 침노할 수도 있게 되었다.

빌라델비아 교회 사자에게 말씀하신 열린 문은 무엇이든 내 이름으로 줄 테니 기도하라는 뜻이다. 기도하면, 구하면, 찾으면, 두드리면 주겠다는 약속이다. 교회는 이 진리로 살아간다. 기도의 삶 없이 전쟁에서 이긴다는 것은 불가능하다. 주님은 어떠한 상황에서든 길을 열어 보여주시는 분이시다. 오직 기도와 간구를 통해.

세상은 마지막을 향해 달려가고 있다. 주님은 속히 이 땅을 향해 오고 계시며 세상은 시험의 때를 향해 달려가고 있다. 그분은 문 앞에 서계신 분이다. 2000년 전에도 지금도 주님은 이 말씀을 하고 계신다. 그때나 지금이나 주님의 임재의 임박함은 모든 성도들에게 유익한 영향을 미쳤다.

내일 죽을 것처럼 사는 사람들에게 구원은 매우 소중하다. 하나님의 사랑으로 살아내는 것은 숙명이며 사명이다. 주님이 이 세상에 다시 왕으로 나타나실 때 부끄럽지 않기 위한 가장 중요한 개념인 것이다.

이 개념으로 인해 수많은 믿음의 선진들이 탄생했다. 그들의 열망과 간절함과 피 흘리기까지 싸우는 그들의 영적 전쟁의 승리가 지금의 수많은 교회를 세웠고 그 안에서 믿음의 꽃을 피워냈다.

따라서 지금 이 글을 읽고 있는 모든 이가 같은 마음으로 살아가야 한다. 아니, 더 치열하게 인식해야 한다. 세상은 더 악해져 가고 있고 사랑은 식고 있으며 예수님이 말씀하신 세상의 징조는 도드라져 가고 있기 때문이다.

주님은 우리를 기다리고 있다. 우리가 믿음으로 기도하며 영적인 삶을 살아내고 영적 전쟁에서 승리하기를 간절한 마음으로 우리 안에서 또 하나님의 보좌 오른쪽에서 기다리고 있다. 이 마음을 믿는 자 모두 주님의 인내의 말씀을 지켜 면류관을 지켜 내리라 확신한다. 빌라델비아 교회 사자가 그러했듯.

09
Chapter

라오디게아 교회

Revelation

1장

증인들의 시대

내가 고하였으며 구원하였으며 보였고 너희 중에
다른 신이 없었나니 그러므로 너희는 나의 증인이요
나는 하나님이니라 여호와의 말이니라

사 43:12

중간 지점

　라오디게아 교회 사자를 향한 서신 속 예수님의 모습은 빌라델비아 교회와 마찬가지로 1장과 비교하여 볼 때 짝이 되는 구절이 별로 없다.

　계 1:5절의 '충성된 증인'이라는 말만 겨우 맞아떨어질까. '아멘'이나 '창조의 근본'이라는 말은 1장의 예수님의 모습에 비유하여 쓰인 적이 없다. 이것은 어떠한 사물에 비교하여 사용된 형용사적인 단어가 아니다. 보이지 않는 개념이 예수님의 실체로 표현된 경우라고 할 수 있다.

　또한 라오디게아 교회 서신은 사데 교회 서신처럼 그 교회의 외양적인 상황을 묘사하지 않았다. 오로지 영적인 상황에 관해서만 서술해 놓은 것이 그 특징이다.

　교회가 당하고 있는 핍박이나 어려움 혹은 라오디게아 교회의 부흥이 얼마나 되었는지 사업은 무엇을 했는지는 예수님은 말씀하신 바가 없다. 예수님이 관심 있었던 것은 오로지 라오디게아 교회 사자의 영의 상태, 마음의 상태였다.

　그 때문에 이러한 예수님의 관심을 살펴보기에 앞서 우리는 이 교회에 나타나신 예수님의 모습을 관찰해야 한다. 라오디게아 교회가 정확히 어떠한 성향의 교회인지를 파악하기 위해서다. 왜 예수님은 라오디게아 교회 사자에게 아멘이시고, 충성된 증인이시며 창조의 근본인 존재로 나타나셨을까.

우선 라오디게아 교회 서신의 첫 구절의 구성을 우리는 유심히 살펴볼 필요가 있다. 계 3:14절은 세 부분으로 나뉜다.

아멘 ┃ 충성되고 참된 증인 ┃ 창조의 근본

'아멘'은 기도의 끝에 하는 말이다. '동의하다'라는 뜻으로 설교자의 말에 적극적인 믿음으로 동의를 하거나 기도자의 말에 동의할 때 쓰는 말이다.

이런 뜻을 살피자면 예수님이 그의 삶 전부를 통해 하나님의 뜻과 기도에 아멘으로 응답하셨다는 사실과 연결된다. 이러한 아멘의 의미는 매우 본질적인 것으로 그분의 생애를 통틀어 '동의하다'라는 단어의 의미에 비유될 수 있을 것이다.

그러나 여기서는 구절 전체가 나타내고 있는 시간 순차적인 의미를 가지고 보는 것도 필요하다. 말하자면 아멘의 뜻이 가지고 있는 예수님의 모습도 중요하지만, 이 구절에서는 아멘의 시간적 의미 즉, 마지막이라는 의미에 더 중점을 두어야 한다는 뜻이다.

　모든 기도를 마무리하듯 모든 일을 하나님의 뜻에 따라 세상을 마무리하시는 **예수님의 시간적 주관자로서의** 모습에 집중해 봐야 한다. 예수 그리스도가 단순히 기도자의 동의로만 비유되어 나타날 리가 없기 때문이다.

　우리가 여기서 시간 순차적인 의미를 가지고 더 자세히 보아야 하는 이유는 이 서신이 단순히 라오디게아 교회의 당시 상황과 시대만을 놓고 쓰인 편지가 아니기 때문이다.

　예수님은 모든 시간대의 주관자요 창조자요 그 모든 시간대에 존재하는 교회의 머리가 되신다. 따라서 그분의 마지막 때의 사명은 교회가 가지는 마지막 사명과 연관이 되어 있다는 것을 알 수 있다. 특별히 라오디게아 교회 서신에 자신의 모습을 '아멘'이라고 소개한 것은 어쩌면 라오디게아 교회의 사명이 마지막의 마무리와 연관이 있는 것은 아닐까. 게다가 이 교회는 일곱 교회 서신의 마지막에 등장하고 있다.

　아멘이 '마지막 때' 혹은 '마지막을 마무리하는 시작'으로 볼 수 있다면 '충성된 증인'은 '창조의 근본'이 가지고 있는 '처음'과 아멘이 뜻하는 '마지막' 사이에 위치한 그 중간 시기쯤 된다는 것을 추측할 수 있다.

　아래를 보면 더 쉽게 이해가 될 것 같다.

- 아멘 - 마지막 때
- 충성된 증인 - 예수님이 사역하실 때의 모습
- 창조의 근본 - 처음

만약 아멘이 '마지막 때'를 의미하고 충성된 증인이 '그때 나타나신 예수님의 모습'이라면(베드로는 예수님이 나타나신 시점을 '말세'라고 선포한다-벧전 1:20) '창조의 근본'은 왜 이 구절의 끝에 기록된 걸까. 만약 우리가 일반적으로 생각할 수 있는 시간 순차라면 '창조의 근본-충성된 증인-아멘'의 순서대로 기록되어야 맞다.

그러나 여기에서 필요한 관점은 예수님은 각 교회에 반드시 필요한 모습으로 나타나신다는 매우 확실한 기본적 바탕에 근거해야 한다는 것이다. 따라서 라오디게아 교회 서신에 나타나신 예수님은 라오디게아 교회의 소명과 연관된 모습이어야 한다.

이로 볼 때 여기서 말하는 창조의 근본은 혹 구시대의 하늘과 땅의 창조의 때가 아닌 새 시대의 하늘과 땅의 창조의 시기를 말하는 것이 아닐까 생각해 보았다. 왜냐하면 지금 어렴풋이 보이는 라오디게아 교회 사자의 사명 즉, 마지막 때의 증인으로서 있어야 하는 사명은 멸망할 구시대를 위함이 아닌 새롭게 도래할 예수님의 시대를 위한 것이기 때문이다. 멸망하는 구시대에서 구원받을 사람들은 결국 새로운 나라에 들어갈 구성원들이기 때문이다.

이와 같은 근거로 계 3:14절의 순서는 라오디게아 교회 사자가 보아야
하는 시대적 순서로 진행되는 것이 아래와 같지 않을까 생각해 보았다.
도표로 간단히 보면,

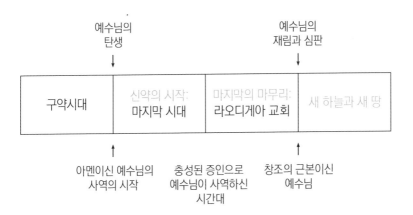

이러한 시간적 개념 때문에 라오디게아 교회는 어쩌면 마지막 때, 즉,
예수님이 시작한 마지막의 마무리 때에 서 있는 모든 교회에게 보내는
서신서일지도 모른다.

마지막을 지나고 난 이후의 하나님의 새로운 창조 - 새 하늘과 새 땅,
새 예루살렘의 창조의 근본이 되시는 분이 예수님이라는 것을 요한 계
시록은 책의 맨 마지막 장에 선명히 보여주고 있다. 물론 예수님은 시간

이 생겨나고 지구가 생겨난 모든(구시대의) 것들의 처음의 근본이 분명하다. 하지만 또한 분명한 것은 그분이 새로운 세계의 창조의 근본이 될 것이라는 확실한 미래다.

그러므로 라오디게아 교회는 구시대의 마침이 되는 마지막 세대와 새 세상의 창조로 넘어가는 중간지점에 걸친 매우 중요한 교회라고 추측된다. 이 때문에 역사하시는 예수님의 모습이 교회의 사자와 교회에게 각인되는 것은 매우 중요한 일이 아닐 수 없었다.

그러나 우리는 아래의 도표와 같은 시각으로도 라오디게아 교회의 역할을 인지해야만 할 것이다.

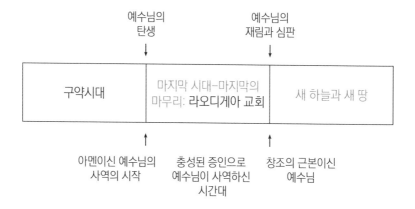

베드로가 말한 것처럼 예수님이 나타나신 시점은 분명 말세다. 예수님도 이 세대가 가기 전에 그분이 말씀하신 모든 것이 이뤄지리라고 말씀

하셨다. 다른 말로 예수님이 말씀하신 세대 즉, 사도들과 그 이후에 나타난 믿는 이들의 인식 속의 세대는 주님의 재림을 준비하는 세대라는 확고한 의식이 있었다.

이는 곧 마지막을 마무리하기 위한 사명이 예수님이 나타나신 이후의 교회에 속한 모든 이들에게 있다는 것을 의미한다.

물론 21세기가 도래한 현시대의 교회가 라오디게아 교회의 사명 및 모습과 상당한 유사성이 있다고는 하나 다시 말하지만, 계시록의 서신은 예수님의 이름으로 세워진 모든 교회 즉, 세상 모든 곳에 존재하는 예수님 이후의 모든 세대의 교회를 향한 메시지다.

요한의 시대에도 라오디게아 같은 교회가 있었고 그 이후에도 있었으며 지금은 더 많이 존재하는 것뿐이다. 라오디게아 교회를 향한 당시의 메시지는 반드시 필요한 것이었고 그 이후의 시대에 라오디게아 교회와 같은 모습을 가진 모든 교회에 반드시 필요했다.

마찬가지로 마지막의 마지막 시대를 마무리하는 지금 세대에도 필요하다. 다만, 예전보다는 지금이 훨씬 더 라오디게아 교회와 같은 모습을 가진 교회들이 더 많다는 것을 적으려 이처럼 장황하게 설명하고 있는 것뿐이다.

히 11장은 믿음의 장이라고들 한다. 가인에게 죽임을 당했던 아벨부터 시작해 새롭게 등장했던 예수님의 교회의 순교자들에 이르기까지 하나님을 믿고 살았던 많은 이들의 이름과 그들의 생애를 열거해 놓은 장이 바로 히브리서 11장이다.

이곳에 열거된 증인들을 한 번 살펴보자.

아벨, 에녹, 노아
아브라함, 이삭, 야곱
모세
라합
기드온, 바락, 삼손, 입다, 다윗, 사무엘, 선지자들
예수님을 믿는 믿음으로 핍박을 받았던 모든 자들

이들은 모두 하나님을 믿었던 사람들이다. 믿음으로 세상 가운데 증거를 남긴 사람들이다. 그들을 통해 하나님은 어떠한 분인지 또 무슨 일을 하시는 분이신지 세상에 나타나 주셨다.

하나님은 이스라엘 백성들을 향해 '너는 나의 증인'이라고 칭하셨다.

사실 앞에 열거된 증인들 중 하나님이 지칭하신 이스라엘 사람들은 노아 홍수 이후 아브라함과 이삭을 걸쳐 야곱의 대에서 완성되었다.

게다가 야곱의 자손들은 애굽이라는 땅에 들어가 민족이라는 거대 집단을 형성했지만, 그들에게는 율법도 없었고 심지어 하나님이 누구신지도 잘 알지 못했다.

그저 요셉이라는 할아버지의 할아버지 때부터 내려온 전설 같은 이야기의 인물에 불과했을지도 모른다. 모세가 그들에게 와서 하나님이 구원하실 거라고 말했을 때도 그들은 믿지 않았다. 따라서 그때까지만 해도 그들이 **하나님을 증거하는 백성들이** 되기에는 부족한 상태였다(물론 모세나 여호수아와 같은 개인적인 증인들이 있었으나 백성이라는 집단으로 형성된 것은 아니었다).

또한 그들은 모세가 시내산에서 율법을 받고 난 이후에도 40년 동안 광야 생활을 하고 나서야 겨우 하나님의 존재에 대해서 깨달았다.

그 이후 사사 시대를 거치고 왕정 시대를 지나면서 하나님이 주신 율법이 그들의 머릿속에 낙인처럼 찍힐 수 있었다. 그때에서야 비로소 하나님은 그들에게 너희는 나의 증인이라고 말씀하셨다(사 43:12).

이렇듯 이스라엘 백성이라는 하나의 민족이 하나님의 증인이 될 수 있었던 것은 아벨의 피를 거쳐 에녹의 동행, 노아의 순종과 아브라함의 믿음, 이삭을 지나 야곱의 수고까지 하나님이 택하신 모든 선조들에게 행하셨던 하나님의 간섭이 있었기 때문이다.

우리는 여기서 또다시 보게 된다. 장자의 민족인 이스라엘의 줄기가 이방인에게까지 퍼져 왔다는 사실을 말이다. 하지만 우리는 줄기가 퍼지는 방향에만 시선을 고정해서는 안 된다.

결국 그 줄기의 원천은 이스라엘이고 그 원천은 하나님이시기 때문이다. 아벨의 아버지가 아담이고 아담의 아버지가 하나님이시기 때문이다.

증인은 결국 모든 창조의 근본이신 예수 그리스도에게서부터 나왔고 그 예수 그리스도를 믿는 믿음을 가진 모든 이들이 장자의 민족에 속할 수 있는 자격을 얻게 되었다.

그러므로 라오디게아 즉, 마지막에 서 있는 교회는 매우 독특한 모습을 가지게 된다. 이 마지막의 교회는 그 어떤 때에 있었던 교회보다 풍성하다. 육적으로나 영적으로나 이렇게 풍부한 지식과 부와 편안한 교회가 지구 역사상 존재하지 않았다.

아벨보다는 에녹이 하나님을 더 많이 알았다. 에녹보단 노아가 홍수 이후의 세상과 그 세상에서 함께하시는 하나님을 더 많이 알게 되었고 따라서 하나님이 하시고자 하는 일의 의미를 더 많이 깨달았을 것이다.

이삭은 아브라함보다 야곱은 아버지 이삭보다 더 하나님의 존재에 대해 꿈꾸고 알 수 있었다. 아브라함도 이삭도 꿈꾸지 못했던 하나님의 성전에 대해 야곱은 꿈꿀 수 있었다.

요셉은 야곱이 믿고 알았던 하나님보다 더 큰 하나님을 믿을 수 있었으며 그로 인해 애굽으로 들어갔던 이스라엘은 민족으로 거듭났다. 애굽에 있는 동안 그들은 하나님에 대해 무지했으나 믿음의 사람 모세를 통해 비로소 그 어떤 민족도 가질 수 없었던 율법을 가질 수 있었다.

40년의 광야 생활 동안 그 민족 안에서 행하신 하나님은 그들을 징계하시고 위로하시는 반복적 훈련을 통해 하나님이 누구인지 어떠한 분인지를 그 혈통 안에서 각인시켜 그들을 증인으로 삼아 주셨다.

그리고 그 증거들은 예수 그리스도의 삶과 죽음과 부활과 승천과 성령의 강림을 통해 누구든 그의 이름을 믿는 모든 이들에게 전승되고 지금까지 흘러왔다.

예수님은 말씀하시길 '지금까지의 모든 자들보다 세례 요한이 큰 자이나 천국에서는 작은 자라도 저보다 크니라'고 말씀하셨다. 이는 세례 요한의 큼보다 천국 자체가 되신 예수 그리스도의 믿음을 소유한 모든 이들이 얼마나 큰지를 말씀하신 것이리라 믿는다.

그러므로 마지막 때의 교회가 가진 증인들이 얼마나 많은 것을 소유하고 있는지를 보길 원한다. 이 교회는 인류의 모든 역사를 인지하고 인류의 마지막이 어떠할지 그리고 그 너머의 일이 어떠할지를 알고 있다.

또한 예수 그리스도의 신비를 지금까지 하나님을 믿었던 어떤 이들보다 더 많이 알고 있으며 초대 교회 이후 일어났던 수많은 증인의 증거가 토해 놓은 하나님에 관한 지식과 지혜들을 알 수 있는 시대에 살고 있다.

지구 역사상 가장 부요한 시대에 부요한 교회로 살아가고 있다. 그리고 우리는 원가지 유대 민족이 가졌던 사명을 이방인인 우리와 유대의 남은 자들과 함께 공유하고 있으며 하나님이 증인이라고 말씀하셨던 이스라엘이라는 인을 받은 하나님의 사람들로서 살아가고 있다.

우리가 영적인 유대인이 아니면 누구이겠으며 우리가 증인들이 아니면 누구이겠는가. 그러나 우리는 과연 하나님을 조금 알았으나 온전히 믿었던 그들과 같이 뜨겁게 또 냉철하게 사랑하고 있는 것일까.

우리는 과연 하나님의 진실을 나타내시는 성령의 판단에 모든 순간을 내어 맡기는 증인으로서 서 있는 것일까.

예수님이 이렇게 자신의 모습을 증인으로 나타내신 것은 어쩌면 장자의 민족만이 누릴 수 있는 모든 권세를 손에 쥔 라오디게아 교회 곧 마지막을 마무리하는 이 시대에 사는 우리 교회에 위와 같은 질문을 던지기 위해서가 아닌지 생각해 봐야 할 것이다.

Revelation

2장
부자들의 시대

에브라임이 말하기를 나는 실로 부자라
내가 재물을 얻었는데 무릇 나의 수고한 중에서
죄라 할만한 불의를 발견할 자 없으리라 하거니와

호 12:8

† 미지근해진 시대

라오디게아 교회 사자를 향하여 예수님이 말씀하신 첫 번째 이슈는 그의 '미지근함'이다. 그의 행위 자체를 설명하시기보다 행위의 본질을 두고 말씀하신다.

내가 네 행위를 아노니 네가 차지도 아니하고 더웁지도 아니하도다 네가 차든지 더웁든지 하기를 원하노라(계 3:15)

예수님은 사자가 어떤 행동을 하기는 하는데 그 행위가 차갑지도 않고 뜨겁지도 않은 밍밍한 태도를 보인다고 말씀하신다. 이 말을 보면 예수님은 그가 어떤 행동을 하고 있는지는 관심이 없어 보이시는 것 같기도 하다. 예수님이 관심 있는 건 단지 그가 밍밍한 **태도**를 보인다는 것에 있다.

이 태도가 얼마나 마음에 들지 않았으면 예수님은 그에게 '이같이 미지근하니 내 입에서 너를 토하여 내치겠다'고 말씀하신 걸까.

그렇다면 과연 이 '미지근함'은 무엇을 뜻하는 것이고 예수님이 진정으로 원하시는 행위인 차갑고 뜨거운 행동은 무엇을 의미하는 것일까.

나는 우선 '차가움'이 무엇인지를 알기 위해 성경 구절들을 찾아보았다. 이곳에 사용된 헬라어 ψυχρός(pshchros: 차가움)는 신약 성경에서 단 네 번 사용되었다. 그중 세 번은 모두 이곳 라오디게아 교회 서신에서 사용되었고 다른 한 곳은 마 10:42절이다.

또 누구든지 제자의 이름으로 이 소자 중 하나에게 냉수 한 그릇이라도 주는 자는 내가 진실로 너희에게 이르노니 그 사람이 결단코 상을 잃지 아니하리라 하시니라

이 구절에서 사용된 ψυχρός는 냉수(cold water)의 '냉'이라는 것을 알수 있다. 예수님은 왜 하필 냉수라고 표현하신 것일까. 그냥 물 한 그릇이라고 표현해도 되었을 텐데 군이 그분은 '차가운'이라는 형용사를 사용하셨다.

이는 잠 25:13절과도 연관이 된다.

충성된 사자는 그를 보낸 이에게 마치 추수하는 날에 얼음냉수 같아서 능히 그 주인의 마음을 시원케 하느니라

이 구절의 물은 마태복음에 나오는 물보다 그 차기의 강도가 더 세다. 냉수는 냉수인데 얼음냉수라고 표현한다. 대체 충성과 차가운 물이 무

—
155

슨 연관이 있는 걸까.

이에 대한 물음을 가지기도 전에 우리는 충성이 주인의 마음을 시원케 하는 것과 무슨 뜻으로 비유되었는지를 눈치챌 수 있을 것이다. 충성된 종은 주인의 마음을 시원케 할 만큼 충성된 태도와 행동을 하고 있음을 알 수 있다.

추수하는 뜨겁고 곤한 날에 누군가가 가져다주는 차가운 물은 고단한 몸에 에너지 음료와 같다. 말하자면 이 충성된 사자는 지금 추수꾼에게 무엇이 필요한지를 알고 있다는 뜻이다.

만약 사자가 힘겹게 땀을 흘리고 있는 추수꾼들에게 뜨거운 물이나 밍밍한 물을 가져다주었다고 생각해보라. 그보다 더 짜증이 나는 일도 없을 것이다.

물론 그 노력은 가상하나 그 주인의 마음에 맞지도 않고 일꾼들의 마음에 맞지도 않는 행동을 취한 것이다. 종이 주인의 마음을 시원케 하는 유일한 행동은 주인이 원하는 것을 눈치 빠르게 알아채서 그에 맞게 행동하는 것이다.

마태복음에 등장하는 소자에게 주는 냉수도 이와 같은 맥락이다. 작은 자를 향한 정성스러운 마음과 섬김은 하나님이 한 영혼을 대하실 때의 마음과 조금도 다를 바가 없다. 그 소자를 아끼는 하나님의 마음을 안다면 그를 섬겨야 하는 종은 하나님의 마음으로 소자를 이해하고 그가 필요한 것을 세심하게 신경 쓸 것이다.

열정은 가득한데 방향을 잘못 잡는다면 그것만큼 주인을 답답하게 하는 종도 없을 것이다. 예수님이 이 서신에서 말씀하시고 그 종에게 요구하시는 차가움을 다른 말로 하면 사자를 향한 하나님의 명확한 뜻을 인지하는 기능이라고 할 수 있다.

그렇다면 '뜨거움'의 뜻은 자연히 알게 된다. 차가움이 행동의 방향성이라면, 뜨거움은 행동의 엔진이라고 할 수 있다. 방향을 제대로 알긴 알았는데 엔진이 작동되지 않는다면 차는 움직이지 못한다. 고속도로에서 20킬로로 달릴 수는 없는 노릇이다.

이곳에서 사용되는 헬라어 ζεστός(zestos: 뜨거움)는 신약에서 단 세 번, 이 서신에서만 사용되었다. 이 단어는 ζέω(zeo)라는 동사에서 파생되었다. '뜨겁게 되다, 끓어오르다, 열렬하게 되다'라는 뜻으로 행 18:25절과 롬 12:11절에서 사용되었다.

'그가 일찍 주의 도를 배워 열심으로…', '부지런하여 게으르지 말고 열심을 품고…'에서 '열심'이라는 뜻으로 사용된 것을 보면 분명 라오디게아 교회 사자에게 보내신 예수님의 뜨거움은 분명 '열심'을 뜻하신 것이리라.

'열심'은 무엇인가. 어떤 일을 할 때 미친 듯이 열정을 품는 마음의 상태를 뜻한다. 몸이 아무리 고단해도 하고자 하는 일이 생기면 사람은 그 일에 열과 성의를 다해 달려든다. 그리고 반드시 이뤄내고야 만다.

차가움이라는 행동의 목표가 세워지면 그 뒤에 반드시 따라야 하는 건 열심 어린 노력이다. 이것이 행동의 엔진이고 목표를 이루는 힘이 되는 것이다.

하지만 라오디게아 교회 사자에겐 이 두 가지가 다 부족했다. 행동하기는 하는데 하나님의 마음에도 맞지 않고 목표도 희미한데 열정도 부족했다.

이 원인은 모두 그의 미지근한 태도에서 비롯되었다. 다른 말로 그는 예수님을 사랑하기는 하였으나 미적지근하게 사랑했다는 뜻이다.

사람을 사랑하면 어떠한 행위가 나오는가. 우선 사랑하는 사람의 이야기에 귀를 쫑긋 세운다. 그가 좋아하는 것이 무엇인지, 어떤 일을 좋아하는지, 꿈은 무엇인지, 취미가 무엇인지. 상대가 좋아하는 게 무엇인지 알고 싶어 눈을 초롱초롱하게 뜨고 그의 말 모양 하나, 행동 하나를 살핀다. 혹 나의 이런 행동이 그를 불편하게 하는 건 아닐까 하며 노심초사 그의 모든 것을 살피지만 그것이 불편하다거나 힘들지 않는다.

밤새 전화 통화를 해도 모자라고 온종일 만났는데 집에 들어가 또 통화한다. 사랑하는 사람이 원하는 것이 있다면 그는 그것을 얻기 위해 미친 듯이 일하거나 노력한다.

그의 꿈을 이뤄주기 위해 밤낮을 가리지 않고 온 정성을 다해 노력한다. 야곱이 라헬을 얻기 위해 7년을 7일 같이 여기며 일했다. 밤낮 잠도 부족한채 양을 치며 일했던 건 오로지 사랑하는 라헬을 아내로 맞이하기 위함이었다.

사랑은 목표를 세우고 그 목표를 향해 숨이 헐떡이도록 달리게 한다. 이것이 예수님이 라오디게아 교회 사자에게 원하셨던 행위의 태도였다. 그가 더 민감하게 주님의 음성에 귀 기울여 그분의 뜻을 알길, 또 온 정성을 다해 그 일을 해주길 원하셨던 것이다.

지금 이 세대는 라오디게아 교회 사자에게 보내신 서신처럼 둘 다 잃어가고 있지 않나 하는 생각이 든다. 이 글을 쓰고 있는 나 자신에게도 주님이 하시는 말씀이리라. 그 어느 때보다 더 많이 하나님을 아는 세대지만 그 어느 때보다 더 갈급해 하지 않고 목말라 하지 않는 세대가 되어버린 건 아닐까 생각해 보아야 할 것이다.
예수님의 사랑과 하나님을 아는 지식은 세상이 끝나고 영원을 산다 해도 다 알 수 없는 것인데도 말이다. 하나님은 더 많은 것을 알게 해주실 준비가 되어 계신 우리의 아버지시다.

허망한 부자

계 3:17절에 나오는 부자라는 단어는 Πλούσιος(plousios)로 알파벳의 첫 글자가 대문자다. 성경에서 첫 글자가 대문자인 경우는 특정 지역 혹은 인물 같은 세상에 단 하나밖에 없는 어떤 존재에 관하여 언급할 때 단어의 첫 글자를 대문자로 쓰는 경우가 대부분이다.

물론 새로운 문장이 시작될 때도 대문자를 쓰기도 하지만 이 구절에서 '부자'라는 단어는 문장의 앞부분이 아니므로 이 경우는 특정한 부자, 세상에 단 하나밖에 없는 부자를 말하고 있음을 알 수 있다.

그렇다면 예수님이 말씀하시는 부자는 어떠한 부자일까. 주님은 이 부자에 대하여 설명하시길 '더 그 부를 늘일 수 없을 만큼의 부를 가진 사람'이라고 말씀하신다. 물론 이것은 라오디게아 교회 사자가 가지고 있는 스스로에 대한 판단을 주님이 그저 읽으신 것 뿐이다.

여기서 나오는 헬라어 동사 πλουτεω(plouteo: 부하게 하다)는 완료형으로 '완전히 부하게 되었다'는 의미다.

말하자면, 그는 세상에서 가장 큰 부자이며 세상 어느 누구도 그에게 부를 더할 수 없을 만큼의 부를 가지고 있는 최고의 부자라고 스스로가 자부하고 있다는 뜻이다. 라오디게아 교회 사자가 생각하는 자신은 유일무이한, 완벽한 부를 소유한 부자라고 생각하고 있는 것이다.

그러나 과연 하나님만한 부자가 어디 있으며 하나님이 가지고 계신 부보다 더 큰 부를 누리고 있는 자가 누가 있겠는가. 온 지구를 다 합하여도 그분에게는 물통의 한 방울 물일뿐인데도 말이다(사 40:15).

　그런 그분이 라오디게아 교회 사자 보다 더 가난할리가 없는 것이다. 그럼에도 라오디게아 교회 사자는 스스로를 하나님보다 더 큰, 세상에 단 하나밖에 없는 부자라고 생각하고 있었다.

　이와 같은 사자의 생각은 매우 한심하고 바보 같은 것이었다. 나는 이것을 우둔한 교만이라고 부르고 싶다. 많이 받은 자들이 흔히 가지게 되는 착각으로 스스로를 하나님보다 위에 올려놓게 되는 경우가 이런 우둔함을 낳는 것 같다. 욥의 경우가 이렇지 않을까. 욥은 자신의 의로움에 대한 거대한 착각을 하고 있었다.

　욥은 자신이 가지고 있는 의로움에 취해 고난을 주신 하나님의 의로움에 대한 의심을 제기했다. 이러저러하게 완벽했건만 어째서 하나님은 이런 고난을 주시는가. 난 결코 불의한 일을 행한적이 없었으나 그는 나를 치셨다고 욥은 친구들에게 항변한다. 이 의심의 전제는 '나만한 의로운 자가 이 세상에 있었는가. 어째서 하나님은 불의하게도, 공평치 못하게도 나에게 이런 고난을 주시는가'와 같은 생각이다. 결국 욥은 하나님보다 자신이 의로웠다고 말하고 있었음을 알 수 있다.

　교만은 하나님의 능력에 대하여 제한하려는 못된 습관이다. 하나님의 능력이 어떠한지 다 보지도 못한채 피조물이 하나님보다 더 뛰어날 수도 있다고 생각하게 만드는 근본적인 미련함이 교만이다. 예수님이 지적하신 라오디게아 사자의 가장 큰 문제점은 이와같이 우둔한 교만에 있음을 알 수 있다.

결론적으로 그는 말뿐인 허망한 부자였고 그 말에 사로잡혀 스스로를 자랑스럽게 생각하고 있는 미련한 자였다. 예수님은 자신의 모습을 보지 못하고 있는 그에게 이렇게 말씀하신다.

너는 곤고하고, 가련하며, 가난하고, 눈이 멀어 보지 못하고 있을 뿐 아니라 벌거벗기까지 했다고 말씀하신다. 이것이 그의 실체다. 눈이 가려진 채 보지 못하고 있던 라오디게아 교회 사자의 모습은 이와 같았다.

사도 바울이 복음을 접하고 예수 그리스도를 알게 되면서 가장 강렬하게 인식하게 된 점은 자신이 곤고하다는 사실이었다.

오호라 나는 곤고한 사람이로다 이 사망의 몸에서 누가 나를 건져내랴(롬 7:24)

바울이 로마의 성도들에게 편지를 보내면서 한 말이다. 탄식과 함께 섞여 나오는 이 말은 그가 8장에 설명할 놀라운 진리를 뒷받침해주는 말이기도 하지만 동시에 진심으로 탄식하며 선포한 말이기도 하다.

이 탄식이 없었다면 그는 예수 그리스도를 찾지도 의지하지도 믿지도 않았을 것이다. 그의 곤고한 육신의 상태는 언제나 그를 절망하게 했다. 자신의 힘으로는 단 하나의 의도 쌓을 수 없다는 것을 깨달았기 때문이다.

이러한 절망적인 상태에 대한 인식은 성도의 거룩한 삶에 있어 매우 큰 유익을 가져다준다. 스스로의 상태를 깨달아 똑바로 보고 있는 것이야말로 하나님의 진리가 또 예수 그리스도의 간섭하심과 능력이 얼마나 필요한지를 알 수 있게 하기 때문이다.

그러나 바울과는 다르게 라오디게아 교회 사자는 그의 곤고함을 깨닫지 못한다. 그 때문에 그는 미지근해질 수밖에 없었다. 문제점을 알지 못하기에 열심을 내어 주님의 뜻을 찾지도 않았다. 혹 찾았다고 할지라도 적당히 일하면서 주님을 섬기고 있노라 자신하고 있었다.

또 가련함에 대하여 말해보자. 가련함은 내가 싸우고 있는 상대의 힘이 너무 강한 나머지 내가 그에게 대항할 힘도 능력도 없는 상태를 뜻한다. 마치 다섯 살 꼬마 앞에 누워있는 갓난아이와 같다고 할까.

갓난아이는 상대가 어떤 해를 가하든 당할 수밖에 없는 힘없는 존재다. 라오디게아 교회 사자의 상태가 바로 이와 같다는 것을 주님은 말씀하신다.

그가 자신의 가련함을 인지하지 못한 이유는 오직 주님이 그를 보호하셨기 때문이었으리라. 차라리 진짜 갓난아이라면 엄마가 젖을 줄 때까지 포기하지 않고 간절하게 울어댈 것이다. 그러나 라오디게아 교회 사자는 자신이 얼마나 가련한지를 인지하지 못했다. 신령한 젖이 필요함에도 울지도 않을뿐더러 간절하게 바라지도 않았다.

이러한 태도는 그의 상태를 죽음까지 이르게도 할 수 있다. 하나님이 그를 도우셔서 신령한 젖을 주려고 하실지라도 그가 먹지 않는다면 아무 소용이 없기 때문이다.

차갑거나 뜨거운 심령은 온 힘을 다해 신령한 젖을 사모하는 힘이다. 그에 넘어서서 더 크고 놀라운 일을 바라고 간절히 원하게 되는 원동력이다.

이로 인해 한 성도의 영혼이 더는 가련한 상태가 아니라고 할지라도 그는 가련한 자와 같이 갈급해 하고 주님께 간구해야만 한다. 왜냐하면 우리는 죽는 날까지 하나님의 눈에는 가련하기 짝이 없는 피조물이기 때문이다.

허망한 부자 II

그다음으로 넘어가 보자. 가난하다… 이 단어는 앞의 '부자'라는 말과 완전히 상반되는 말이라고 할 수 있다. 예수님이 팔복 설교에서 제일 처음으로 다루는 개념이 가난이다. 이 가난은 명백히 심령의 가난을 말씀하신다.

심령이 가난한 자는 천국이 저희 것임이요 (마 5:3)

천국이 우리 것이 되기 위해서 왜 우리는 심령이 가난해야 될까.

우리가 누군가를 사랑할 때 연인에 대하여 가난하면 열정적으로 될 수밖에 없다. 그를 보고 얘기하고 아무리 많은 시간을 보내도 나는 그와 더 많은 시간을 보내기 원할 것이다.

왜냐하면 나는 그에 대해 아직 가난한 심령을 가지고 있기 때문이요 스스로 내 마음을 비워두고 있기 때문이다. 그를 알고 알아도 끝없이 알고자 하는 마음이 그를 사랑한다는 증거이기 때문이다.

마찬가지로 천국이 만일 나의 것이 된다면 그것은 예수님의 말씀대로 내가 아직 하나님을 더 많이 알고 싶어 한다는 뜻이 될 것이다. 아직 내가 하나님에 대하여 너무 모르니 더 많이 알고 싶어 한다는 의미다. 그런 마음을 가진 사람이야말로 하나님에게 그분의 전부인 천국을 받을 자격이 있다고 난 믿는다. 천국은 하나님과 사람이 나누는 사랑이 전부인 나라이기 때문이다.

그러나 여기서 라오디게아 교회 사자는 하나님에 대해 다 안다고 자부하고 있다. 그가 생각하고 있는 부함의 정도는 그의 영적인 부함 즉, 하나님을 아는 지식에서도 올 것이다. 그런 착각을 할 정도라면 그는 하나님을 정말로 아는 사람이고 또 하나님도 그에게 많은 것을 보여주셨을 것이다.

그가 실제 영적으로 부한 자가 되었으나(다른 이에 비해) 하나님이 보시기에 그는 아직도 하나님에 대해 알아야 할 것이 너무 많다. 그가 스스로 자신을 부한 자라고 하기엔 하나님의 시선에서 너무나 가난한 자일 수밖에 없기 때문이다. 문제는 그가 자신의 이러한 실체를 알지 못한다는 것에 있다.

달라스 월라드 목사님의 〈하나님의 모략〉에서 팔복에 관한 말씀은 왜 우리가 심령의 가난함을 깨달아야 하는지에 대한 지혜를 전해준다. 팔복에 나오는 조건들은(가난하거나 애통해하는 자와 같은) 예수님이 우리에게 주신 또 다른 율법적 조건이 아니라는 것을 먼저 언급하신다.

팔복은 우리가 가난함에도, 애통해하는 자임에도 불구하고 예수님이 우리의 복이 되어주신다는 약속임을 말씀하신다. 가난하고 애통해하는 우리들의 실체를 보여주시는 동시에 예수님을 통해 그 진실을 보게 된 자들의 비통함을 아시고 그분이 절망적인 우리에게 복이 되어주신다는 약속과 같다고 목사님은 설명하신다.

이러한 해석은 성도들의 영적생활이 복음으로 나아가는데 있어 큰 유익함을 가져다 주는 것 같다. 하나님의 약속의 성취는 그 사람이 얼마나 많은 것을 했느냐가 아니다. 그것은 전적인 하나님의 은혜 아래 일어난다. 우리의 비참함과 가난함을 깨닫는 것은 모든 것을 능히 이길 수 있는 하나님의 은혜를 보게 만드는 도화선과 같은 것이다. 그러나 라오디게아 교회 사자는 가난한 자신의 처지를 보지 못하기에 천국을 침노하지도 않았음을 알 수 있다.

이는 예수님이 지적하신 다음 경우에도 마찬가지다.

이 부분은 더 심각하다. 그는 자신이 아주 잘 보고 있다고 착각하고 있다. 이러한 착각은 바리새인들이 스스로를 빛의 사도라 진리의 선생이라고 믿고 있었던 그들의 잘못된 믿음과 비슷하다.

마찬가지로 라오디게아 교회 사자도 영적인 자신의 실체를 보지 못하는 소경이었다. 무엇이 하나님의 뜻인지 분별하지 못했고, 그로 인해 열심도 내지 못하는 사람이었다.

따라서 그는 자신이 얼마나 수치스러운 사람인지 인식하지도 못하고 있었다. 그는 하나님의 의를 잃어버린 자였다. 요한 계시록에서 옷은 성도들의 옳은 행실을 뜻한다. 옳은 행실은 예수 그리스도라는 하나님의 의를 믿는 믿음으로부터 파생한다. 믿음으로 의를 행함으로써 살아있는 믿음을 가지게 되고 이로써 우리는 의로 옷을 입게 되는 것이다. 이것이 없이는 하나님을 뵙지 못하게 될 것이다.

보지 못하니 하나님의 뜻이 무엇인지 모르고 하나님의 뜻이 무엇인지 모르니 당연히 하나님이 원하시는 옳은 행실을 행할 수 없었을 것이다. 이로 말미암아 그는 당연히 하나님의 의를 입은 성도로 살아갈 수 없었을 것이다.

그는 허망한 부자였고 비참한 부자였다. 그의 영적인 상태가 이러한데 어찌 그가 행하는 것이 예수님의 눈에 좋아 보일 수 있었을까.

우리는 라오디게아 교회 사자의 경우를 보며 주님께 물어야 한다. 혹 내가 내 자신을 보지 못하고 있는 것은 아닌지, 혹 나의 벌거벗음과 가난함과 곤고함과 가련함을 보지 못한 채 주님을 안다고 떠들며 주님의 일을 한다고 거들먹거리고 있는 것은 아닌지, 내가 지금 누리고 있는 풍요가 혹 나의 눈을 가리고 있는 것은 아닐지 말이다.

바리새인이 그러했고 욥이 그러했다. 선민의식을 가진 이스라엘 민족이 이러한 착각에 눈이 가려져 있었다. 현재에 와서 창조부터 세상의 마지막까지 알고 있는 우리들의 모습도 그럴지 모른다.

하나님에 대해 많은 것을 안다고 생각했던 교회 권위자들의 모습 또한 비슷했다. 라오디게아 교회라는 영역, 시대는 하나님의 풍요로운 양식이 넘치는 곳이다. 이곳에 속한 모든 이들이 가장 유의해야 하는 부분은 교만이다. 우둔한 교만이다.

바리새인은 율법의 지식으로 인해 사람들과 하나님 앞에서 지식을 자랑했고 숭배했다. 욥의 풍요했던 의로운 행동은 오히려 그의 발목을 잡았다.

선민의식을 가졌던 이스라엘 민족의 교만은 메시아를 보지 못하게 했고 중세 시대의 교회는 무지한 성도들에게 무소불위의 권력을 휘둘렀다. 십자군 전쟁으로 수많은 인명이 살상을 당해야 했다.

현대 교회는 점점 세속화가 되어가고 성령이 일하셔야 할 자리에 인간의 시스템이 대체되어 예수님이 활동하시지 못하도록 제한하고 있다. 지금까지 세상에 공개된 하나님에 대한 풍요로운 지식에 갇혀 그 이상의 일을 행하시는 하나님을 믿지 못하는 세상이 되어 버렸다.

미지근해진 사랑은 결국 하나님을 보지 못하게 만든다. 대신 우리가 알고 있는 지식의 잣대로 세상을 판단하고 다른 이들을 판단하며 하나님을 판단한다. 바리새인들이 예수님을 판단하였듯 욥이 하나님의 의로움을 판단하였듯 풍요로운 것은 자칫 인간을 착각하게 만든다.

하나님에게서 더 알아낼 것이 없을 만큼 자신이 많은 것을 알고 있고 행하고 있다고 생각하게 만드는 착각은 참으로 슬픈 이 시대의 비극이다. 또한 이것은 하나님에겐 비참하고 슬픈 일이다. 이것이야말로 우리가 하나님을 향한 사랑을 잃어가고 있다는 증거이기 때문이다.

이 시대는 하나님의 사랑을 점점 잃어가고 있다. 인간의 지식과 의로움을 부각하며 하나님이 필요 없다고 말하고 있다. 성경의 지식은 넘쳐나지만, 하나님을 아는 자들은 별로 없다. 그분과 함께 이야기하는 것을 즐거워하거나 그분과 얘기를 하는 자들을 미친 사람 정도로 취급하는 시대다.

너무 많이 알기에 오히려 더 많이 가난해져 버린 이 시대는 예수님이 슬픔으로 편지를 쓰셨던 라오디게아 교회 사자의 모습과 유난히 닮아있는 것 같다. 이 시대는 어쩌면 허망한 부자들이 모여 살고 있는 때가 아닐까.

그럼에도 불구하고 우리는 예수 그리스도에게 희망을 걸어야 한다. 우리에게 한 번 이러한 풍요를 주셨던 그분이 우리에게 또 다른 풍요와 또 다른 차원의 풍요를 주시지 않을까를 기대해야 한다. 욥이 회개했을 때 하나님이 그 전보다 더욱더 풍요로운 부를 허락하셨던 것처럼 말이다.

Revelation

3장

내가 권하노니…

극히 값진 진주 하나를 만나매 가서
자기의 소유를 다 팔아 진주를 샀느니라

마 13:46

✝ 사서(buy)

예수님은 라오디게아 교회 사자에게 매우 혹독한 말씀을 하고 계시는 것 같다. "너를 토하여 내친다"는 표현도 그렇고, 그에 대해 무엇하나 잘했다는 말씀 하나가 없으신 걸 보면 말이다. 그러나 나는 이 교회의 사자가 예수님에게 있어서 매우 특별한 존재가 아닌가 생각해 본다. 다른 교회에게 한 번도 쓰시지 않았던 '권하노니', '사서'와 같은 권유적 말투가 전반적으로 흐르는 게 보이기 때문이다.

19절의 '네가 열심을 내라 회개하라'는 말씀도 18절의 '권하노니'와 맞물려 마치 권유를 받아서 해야 하는 행동처럼 비치는 면이 없지 않아 있다. 게다가 이 행동 명령 앞에는 굳이 '내가 사랑하는 자를 책망하여…'라는 말을 붙이고 있다.

이러한 단어의 사용을 볼 때(다른 모든 교회도 그러하겠지만) 라오디게아 교회 사자와 예수님과의 관계는 그래서 독특하다는 느낌이 든다. 예수님은 그에게 온전한 아가페적인 사랑으로만 대하신다기보다 그에게 요구하시는 상대적인 사랑이 매우 강렬하게 있다는 느낌이 든다.

19절의 '사랑하다'에 속하는 단어는 '아가페'가 아닌 φιλέω(필레오: 우정적인 사랑)다. 이를보면 더더욱 이런 추측이 본질적으로 예수님이 맺으시려는 관계의 의미와 가깝다는 것을 알 수 있다.

이에 대한 내 생각을 더욱 확고하게 해주는 단어는 이 장의 주제인 '사다'라는 동사다. 산다는 것은 값을 지불하여 물건을 얻는 것이다. 말하자면 예수님은 지금 라오디게아 교회 사자와 거래를 하고 싶어 하신다는 뜻이다. 그렇다면 라오디게아 교회 사자는 무엇을 사야 하는 걸까?

그 답은 서신에서 우리가 읽은 그대로다. '불로 연단한 예수님의 금', '예수님의 흰 옷', '예수님의 안약' 세 가지다. 이 물건들은 오로지 예수님에게서만 살 수 있는 것들이다. 이것들이 무엇을 의미하는지는 뒤에 가서 더 자세히 설명하기로 하고 우선 '사서'라는 단어에서 발견할 수 있는 사실을 보자.

무엇을 사는 행위는 사려는 사람의 전적인 의지가 있어야만 가능하다. 예수님이 아무리 세 가지의 귀한 물건을 가지고 누군가에게 팔려고 해도 사려는 자에게 필요가 없거나 사려는 의지가 없으면 아무 소용이 없다.

여기서 우리는 예수님이 라오디게아 교회 사자에게 요구하시는 관계 속에 사자의 강한 의지가 필연적으로 들어있어야 한다는 사실을 확인할 수 있다. 말하자면 그의 전적인 선택이 필요하다는 뜻이다.

여기서 '내가 사랑하는 자를…'이라는 말의 '사랑하다'가 φιλέω인 이

173

유를 알 수 있다. 사는 자(buy)가 전적인 선택에 의해 물건을 사는 것처럼 사자가 가진 사랑도 온 마음과 의지로 예수님을 사랑해주길 바라는 마음이 여기에 담겨진 것이 아닐까 한다.

예수님은 그분이 라오디게아 교회 사자를 매 순간 뜨겁게 선택했던 것처럼 그가 자신을 매일 매 순간 뜨겁게 선택해주기를 원하신다. 따라서 똑같은 순종이라도 마음이 함께하지 않는 순종은 기뻐하시지 않겠다는 뜻이다. 친구란 기꺼이 그 길을 기쁨으로 함께 가는 법이다. 하나님은 종이 아니라 친구를 원하고 계신다.

그래서 예수님은 명령조로 말씀하시지 않았다. 그보단 권유로, 그보단 나를 더 많이 사랑해달라는 조름으로 사자에게 말씀하신다. 라오디게아 사자는 예수님에게 정말 특별한 종임에 틀림없다.

그렇다면 과연 라오디게아 교회 사자는 무엇이 있어 주님께 그 물건들을 살 수 있는 것일까. 거래란 모름지기 살 수 있는 능력이 있는 자가 원하는 물건을 가진 자와 무언가를 교환하는 것이다. 예수님은 이미 물건을 가지고 계시지만 사자는 대체 무엇을 가지고 있기에 예수님은 그에게 거래를 트자고 하신 것일까.

물론 예수님은 세상에서 거래하는 돈 같은 것으로 그 귀한 것들의 값을 대신하실 분이 아니라는 것을 우리는 모두 알고 있다. 누군가와 거래를 할 때 제일 먼저 알아보는 것은 나의 물건을 살 상대가 이 물건의 값을 지불할 수 있는 능력을 갖추고 있느냐다.

예수님이 그 정도 머리도 없으신 분은 아닐 텐데 예수님은 이 가난하고 가련하고 곤고하고 눈멀고 벌거벗어 옷도 입지 못한 라오디게아 사자에게 '사라'고 권유하신다.

예수님의 천국의 비유 중 하나가 생각난다.

극히 값진 진주 하나를 만나매 가서 자기의 소유를 다 팔아 그 진주를 샀느니라(마 13:46)

자기의 모든 소유. 내가 가진 모든 것. 이것이 라오디게아 교회 사자가 가지고 있는 유일한 것이다. 라오디게아 교회 사자는 자신의 모든 것을 걸고 예수님의 물건을 사야 한다. 그가 가진 모든 것을 걸고 예수님을 선택해야 한다. 만약 그가 아직도 주님을 선택할 마음이 있다면, 주님과의 사랑을 전처럼 회복할 마음이 있다면 말이다.

세 가지 물건

라오디게아 교회 사자가 지금 사야 하는 것은 세 가지다.

*불로 연단한 금

*흰옷

*안약

이 물건들은 오직 예수님에게서만 살 수 있는 것들이다. 그렇다면 왜 예수님은 그에게 이러한 물건을 사라고 권유하신 것일까.

그 이유는 이미 나와 있다. 불로 연단한 금을 사야 하는 이유는 라오디게아 교회 사자가 부요해지기 위해서고 흰옷은 벌거벗은 수치를 보이지 않게 하기 위해서이며, 안약은 그의 보이지 않았던 눈이 보이게 하기 위해서다.

우리가 심층적으로 관찰해야 할 부분은 다름 아닌 예수님의 권유 '사서'라는 말에 있다. 각 물건에 대하여 예수님은 '사서'라는 명령을 반복하고 있다. 만약 세 물건을 사는 방식이 모두 같았다면 예수님은 굳이 '사서'라는 말을 세 번 반복하실 이유가 없었을 것이다.

'사다'는 개념 즉, 내게 있는 값진 것을 가지고 물건을 산다는 본질적인 의미는 세 물건을 사는 데 변함없는 원칙으로 적용될 것이다. 그러나 예수님이 이렇게 반복적으로 각 물건마다 '사서'라는 말을 붙인 데는 값을 지불하는 방식이 다르기 때문이 아닐까 생각해봤다.

첫 번째, 성경에서 불에 연단된 금에 관하여는 상당히 많은 부분이 등장한다.

'도가니는 은을, 풀무는 금을 연단하거니와 여호와는 마음을 연단하시느니라.'(잠 17:3)

'그가 은을 연단하여 깨끗케 하는 자 같이 앉아서 레위 자손을 깨끗케 하되 금, 은 같이 그들을 연단하리니…'(말 3:3)

'보라 내가 너를 연단하였으나 은처럼 하지 아니하고 너를 고난의 풀무에서 택하였노라.'(사 48:10)

'… 내가 내 딸 백성을 어떻게 처치할꼬 그들을 녹이고 연단하리라.'(렘 9:7)

'그의 임하는 날을 누가 능히 당하며 그의 나타나는 때에 누가 능히 서리요 그는 금을 연단하는 자의 불과 표백하는 자의 잿물과 같은 것이라.'(말 3:2)

'너희 믿음의 시련이 불로 연단하여도 없어질 금보다 더 귀하여…'(벧전 1:7).

'내가 그 삼분지 일을 불 가운데 던져 은 같이 연단하며 금 같이 시험할 것이라…'(슥 13:9)

'나의 가는 길을 오직 그가 아시나니 그가 나를 단련하신 후에는 내가 정금 같이 나오리라.'(욥 23:10)

성경에서 불에 연단된 금에 관하여 언급된 구절 대부분을 종합하여 볼 때 이는 주로 **시련과 고통을 통과하여** 순금과 같이 **단단하고 깨끗해진 믿음**을 의미한다. 또한 이 불은 **하나님이 허락하신** 시험과 연단을 의미한다는 것을 알 수 있다.

고난과 시험을 통해 우리는 우리 안에 있는 육체의 정욕을 제어할 수 있다. 베드로는 육체의 고난을 받은 자가 죄를 그쳤다고 가르친다.

벧전 4:12절에서 베드로는 '시련하려고 오는 불 시험을 이상한 일 당하는 것 같이 이상히 여기지 말고 오직 너희가 그리스도의 고난에 참여하는 것으로 즐거워하라'고 말한다.

그렇다면 라오디게아 교회 사자는 무엇을 사야 할까. 다른 말로 그는 무엇을 선택해야 한다는 의미일까.

위 모든 말씀이 가리키는 것처럼 앞으로 올 미래가 고난과 환난이라고 할지라도 그는 그것을 택해야 한다는 것을 의미한다. 그것이 금을 살 수 있는 유일한 방법이다. 물론 이것은 예수님의 권유지 명령이 아니다. 이 말씀은 라오디게아 교회 사자가 오롯이 결정할 수 있는 문제인 것이다.

욥과 세 친구들의 논쟁을 가만히 듣고 있던 엘리후가 이와 같이 말한다.

삼가 악으로 치우치지 말라 네가 환난보다 이것을 택하였느니라(욥 36:21)

환난을 택하는 것이 하나님이 계시지 않은 세상이나 스스로 의로운 채 옳다고 주장하는 쪽에 서는 것보다 낫다는 뜻이다.

이러한 선택은 그 사람의 의지로만 할 수 있을 것 같지만 실은 그가 오직 깨달을 때 할 수 있는 선택이다. 욥이 그러했던 것처럼 말이다. 교만이 드러나는 순간은 오직 하나님이 주시는 환난 속에서만 확인할 수 있다.

그때 우리는 한없이 무기력하다는 것을 깨닫고 그 어느 때보다, 그 누구보다 주님이 필요하다는 사실을 알게 된다. 그때 우리는 정말 아이러니하게도 스스로 고난에 들어가 금을 얻게 되는 선택을 하게 된다.

세상 모든 이들이 이해하기 힘든 베드로의 말 '너희에게 다가오는 불시험을 이상히 여기지 말고 기뻐하고 즐거워하라'라는 말이 비로소, 실제, 우리의 삶에서 이뤄지게 되는 것이다.

예수님이 요구하시는 사자의 선택은 저 다니엘의 세 친구들이 그 어떤 위협 속에서도 하나님을 택한 것과 같다. 그들은 느부갓네살 왕의 위협에 굴복하지 않고 모든 것을 다해 그 속으로 뛰어들었던 믿음을 가지고 있었다. 예수님은 이런 금과 같은 믿음을 요구하시는 게 아닌가 한다. 결국 그들의 믿음은 불 속에서도 예수님과 동행하는 놀라운 일을 보게 되었다. 이것이 불에 단련된 금을 사게 되었을 때 얻어지는 일이 아닐까 한다.

욥의 경우를 보아도 그러하다. 그가 교만을 깨우치게 된 것은 불과 같은 시험 때문이었다. 이는 하나님의 개입이었다. 그 연단이 끝난 후 욥은 입을 막으며 자신의 교만을 내려놓고 하나님의 충만하신 은혜 앞에 무릎을 꿇었다. 그리고 어떠한 고난이든지 겸손함으로 받아들일 수 있는 마음의 부자가 되었다.

만일 그 후에 다니엘의 세 친구들과 같은 연단이 욥에게 닥쳐왔다면 그는 자신의 죄인 됨을 고백하며 기꺼이 풀무불 속으로 들어갔을 것이다. 자신의 의가 아닌 하나님의 완전한 '의'이신 예수 그리스도를 가슴에 품고 그 어느 때보다 죄인 된 자이나 그 어떤 이보다 담대하게 정금 같은 믿음을 세상에 나타냈을 것이다.

라오디게아 교회 사자에게 원하시는 그의 모습은 바로 이와 같은 단단하고 겸손한 믿음의 사람으로 서 있는 것이다. 감사함으로 주님의 명령을 받아들이는 심령의 상태를 주님은 라오디게아 교회 사자에게 원하고 계신다.

두 번째, 흰옷을 산다는 것. 요한계시록에는 유난히도 흰옷을 입은 자들이 많이 등장하고 있다.

'그러나 사데에 그 옷을 더럽히지 아니한 자 몇 명이 네게 있어 흰 옷을 입고 나와 함께 다니리니…'(계 3:4)

'이기는 자는 이와 같이 흰 옷을 입을 것이요…'(계 3:5)

'또 보좌에 둘려 이십 사 보좌들이 있고 그 보좌들 위에 이십 사 장로들이 흰 옷을 입고…'(계 4:4)

'이 일 후에 내가 보니 각 나라와 족속과 백성과 방언에서 아무라도 능히 셀 수 없는 큰 무리가 흰 옷을 입고…'(계 7:9)

'장로 중에 하나가 응답하여 내게 이르되 이 흰 옷 입은 자들이 누구며 어디서 왔느뇨… 그가 나더러 이르되 이는 큰 환난에서 나오는 자들인데 어린양의 피에 그 옷을 씻어 희게 하였느니라.'(계 7:13,14)

'그에게 허락하사 빛나고 깨끗한 세마포를 입게…'(계 19:8)

계시록에 나오는 흰 옷의 의미를 가장 잘 볼 수 있는 구절은 계 7:13절과 14절일 것이다. 구원의 인침을 받은 흰 옷 입은 무리들에 대하여 요한이 장로에게 물었을 때 장로는 그들에 관해 설명한다.

1. 환난에서 나왔다.
2. 어린 양의 피에 씻어 깨끗하게 되었다.
3. 그들의 옷이 희다.

장로들이 설명하고 있는 흰 옷에 관한 부분은 앞에서 설명한 불로 연단한 금의 의미와 맞닿은 부분이 있다는 것을 알게 된다. 금도 환난과 고난을 통과한 믿음이요, 흰 옷도 환난을 통과한 물건이다. 특별히 흰 옷은 어린 양의 피에 씻어야만 하는 옷이다.

씻어야만 희고 깨끗하게 될 수 있는 옷이며 라오디게아 교회 사자는 이 옷을 사서 입어야만 한다. 이 또한 마찬가지로 예수님의 온전한 개입이 없이는 살 수 없는 물건이라는 것을 알 수 있다.

세상의 어떠한 규칙과 법으로도 행위로도 우리의 수치를 하나님의 머릿속에서 지울 수는 없다. 우리가 저질렀고 저지를 죄악은 하늘에 기록됐고 앞으로도 될 것이다. 여기에서 인간이 자유로울 수 있는 유일한 방법, 하나님의 머릿속에서 우리의 죄를 지울 수 있는 유일한 길은 오직 예수 그리스도의 뿌려진 피 밖에는 없다.

이는 우리가 알고 있는 복음의 기반이요 기초라고 할 수 있다. 예수 그리스도의 피로서 우리가 죄사함을 입었고 영원한 삶으로 들어가 하나님의 품에 안길 수 있는 자격을 얻을 수 있다는 이 진리가 없다면 우리는 이 책을 읽지도 않을 것이다.

그러나 여기서 우리가 알아야 할 진리는 그다음 과정에 있다. 바로 옷이 상징하고 있는 의미다. 계 19:8절에 나오는 빛나는 세마포는 흰 옷이라는 얘기는 없지만 어쨌든 우리가 맞이하게 될 마지막의 모습이 어떠할지를 보여준다. 그때 이 옷에 대하여 천사는 이 옷이 성도들의 옳은 행실이라고 설명해준다.

그 성도들은 환난을 통과하여 새 예루살렘에 이른 사람들이고 7장의 흰옷 입은 무리들이 맞이하게 될 마지막 모습일 것이다. 그렇다면 3장의 라오디게아 교회 사자가 입어야 할 옷도 이와 다르지 않아야만 할 것이다. 계시록의 언어로 사용되고 있는 상징의 의미가 일맥상통 해야만 하기 때문이다. 즉, 환난을 거친 믿음으로 하게 될 믿음의 행위가 그의 수치를 가려줄 흰옷의 의미라고 볼 수 있다는 뜻이다.

여기서 우리가 주의하고 보아야 할 점은 환난을 거쳐 우리의 교만을 깨닫게 하시는 이도 우리의 행위를 온전케 하여 깨끗게 하시는 분도 오직 예수 그리스도라는 사실을 잊어서는 안 된다는 사실이다.

욥이 깨닫기 전에 보여줬던 행위는 비록 의로웠을지라도 그것은 자신의 의로 이뤄진 행위였다. 그러나 환난을 지나고 깨닫게 된 후 욥이 행했던 의로운 행위는 온전히 하나님의 은혜 가운데 거하는 완전한 것이었다. 마찬가지로 라오디게아 사자 또한 그가 앞으로 행할 의로운 행위가 예수 그리스도로부터 오는 온전한 은혜로 이뤄져야 한다는 것을 주님이 말씀하고 계시는 것이다. 이것이 환난을 통과한 온전한 행실, 흰 옷이라는 것을 계시록은 보여주고 있다.

게다가 이 옷은 그가 '사고, 입는' 두 번의 선택을 거쳐야 한다. 그의 온전한 의지가 온전하신 예수 그리스도의 은혜 안에 동화되어야 한다는 것을 의미하고 있다.

한 가지 더 덧붙이자면 여기서 나오는 헬라어 $\iota\mu\acute{\alpha}\tau\iota\upsilon\nu$(imatia)은 '옷들'이라는 복수 형태의 단어다. 예수 그리스도를 믿고 행하는 모든 행위'들'이 모두 예수님의 피에 씻겨진 그의 의를 믿는 믿음으로 행해져야 한다는 의미가 아닐까 한다. 어쨌든 라오디게아 교회 사자가 사야 할 옷들은 예수의 의를 믿는 믿음으로 행하는 우리들의 의를 의미한다고 볼 수 있다.

세 번째, 눈에 바르는 안약. 이것이 무엇인지 알아보기 전에 우리는 소경 즉, 보지 못하는 자들이 어떤 의미인지 알아보아야 한다. 성경에서는 보지 못하는 자들에 대한 수많은 구절이 등장한다.

특히 예수님은 바리새인들과 서기관들에 관하여 호통을 치실 때 소경이라는 단어를 많이 사용하셨다. 왜 멀쩡히 보는 사람들에게 소경이라고 말씀하셨을까.

예수님은 오직 진리와 진실만을 말씀하시는 분이시다. 우리가 보지 못하는 실상을 말씀하시는 분이 예수님이시라는 뜻이다.

여기서 예수님이 말씀하시는 실상은 그들에게 말씀하시는 소경이 단순히 육적인 것을 뜻하는 게 아니라는 점이다.

예수님은 요 9:39절에서 아래와 같이 말씀하신다.

…내가 심판하러 이 세상에 왔으니 보지 못하는 자들은 보게 하고 보는

보지 못하는 자들은 → 보게 하고,

보는 자들은 → 보지 못하게 한다.

이 구절은 또 아래와 같은 구절과 연결되어 생각할 수 있다.

예수께서 가라사대 너희가 소경 되었다면 죄가 없으려니와 본다고 하니 너희 죄가 그저 있느니라(요 9:41)

참으로 아이러니하게도 주님은 '소경된 자들이 죄가 없다' 하시고 '본다고 하는 사람들은 죄가 그저 있다'고 말씀하신다.

자, 이 두 구절과 라오디게아 교회 사자에게 말씀하신 의미를 연결해 볼까.

1. 라오디게아 교회 사자는 → 영적인 소경이지만 스스로 본다고 생각하는 사람이다.

2. 바리새인과 서기관들은 → 영적인 소경이지만 스스로 본다고 생각하는 사람이다.

3. 새리들 → 영적인 소경이지만 스스로 볼 수 없다고 생각하는 사람이다.

1번과 2번의 영적인 상태는 똑같다. 그들은 본다고 생각하지만 소경이다. 그들의 시야는 오로지 자신과 세상을 향해 열려 있음을 보여준다.

3번의 세리들은 자신의 상태를 볼 수 없다고 여겨 인도할 자를 찾는 사람들이다. 그러나 이 부류의 사람들의 영적 시야는 다행히도 예수 그리스도를 향해 있다. 하나님의 나라에 눈을 뜨려는 자들이다.

예수님이 보지 못하는 자들을 보게 하신다는 건 모든 인류를 향한 말씀이다. 이 세상에 예수 그리스도 없이 진리를 볼 수 있는 사람은 아무도 없다. 또한 예수님이 보지 못하게 하신다는 건 자아와 세상만을 향해 열려 있는 시야를 닫겠다는 뜻이다.

'본다는 것'은 무엇에 관심이 있는지를 알려준다. '내가 그녀에게 눈이 멀었다'는 말은 곧 이 세상 모든 것들 중 오직 그녀에게만 나의 마음이 향하고 있다는 뜻이다. 눈은 내 몸의 등불인 것처럼 내 마음의 눈은 영혼의 등불이다. 나의 영적인 시야든 육적인 시야든 그 시야가 향하고 있는 그곳이 나의 마음이 있는 곳이다.

라오디게아 교회 사자에게 안약을 살 마음이 있다는 것 그리고 그것을 자신의 눈에 바를 마음이 있다는 것은 곧 예수 그리스도에게 나의 관심을 두겠다는 의지다. 나의 눈멂을 인정하겠다는 의미이며 내가 곧 죄인임을 시인하겠다는 의지가 있지 않고는 할 수 없는 행위이다.

우리는 여기서도 알 수 있다. 세상을 향한 눈을 감게도 천국을 향한 눈을 뜨게도 하실 수 있는 분은 오직 예수 그리스도뿐이다. 우리 안에 그분이 역사하셔야 비로소 우리들은 눈을 떠 우리의 실상과 천국의 실상을 확인할 수 있다.

볼 수 있다고 생각했던 바울이 눈이 어두워져 있을 때 예수님의 명령을 받은 아나니아를 통해 눈을 떠 새로운 하나님의 나라를 볼 수 있었듯이 말이다.

예수님에게 있는 이 세 가지 물건을 산다는 것은 오로지 예수 그리스도에게 나의 전적인 의지, 뜨거운 의지를 드리겠다는 표식이다. 약속의 반지다. 나의 마음이 오로지 예수 그리스도를 향해 미친 듯이 달려가고 싶다면 나는 이것을 사야 할 것이다.

기쁨으로 고난을 택하며 나의 의가 아닌 예수 그리스도의 의로 믿음의 행위를 행하고 나의 죄인 됨을 인정하여 나의 마음과 시선을 오직 주님께로 돌리겠다는 시인을 예수님은 기다리신다. 우리는 이 물건을 사는 데 있어 우리의 모든 것을 드려야만 한다.

하나님의 나라를 갈 수 있는 유일한 티켓은 오직 예수 그리스도의 의와 피의 공로뿐이다. 그리고 우리가 할 수 있는 유일한 일은 우리의 모든 순간, 모든 것을 다해 그분을 믿고 뜨겁게 사랑하는 것이리라.

Revelation

4장

내가
사랑하는 자를…

나의 사랑하는 자가 내게 말하여 이르기를 나의
사랑, 나의 어여쁜 자야 일어나서 함께 가자

아 2:10

사랑하는 만큼

계 3:19절의 '무릇 내가 사랑하는 자를'의 정확한 번역은 '내가 사랑하는 만큼(ὅσος)'이다. 난 이 말에 예수님의 두 가지 의도가 있다고 믿는다.

내가 너를 사랑하는 만큼 징계하고 책망할 것이다.
내가 너를 책망하고 징계하는 이유는 사랑하기 때문이다.

계 3:19절의 초반 구절에는 이 두 가지 이유가 모두 포함되어 있으리라 본다. 왜냐면 두 이유 모두 성경에서 또 서신에서 전반적으로 흐르고 있는 예수님의 메시지와 조금도 다르지 않기 때문이다.

히 12:6절에서 저자는 '주께서 그 사랑하시는 자를 징계하시고 그의 받으시는 아들마다 채찍질하심이니라 하였으니'라고 말한다. 우리가 매를 맞는 것은 하나님이 우리를 미워해서가 아니라 우리를 사랑하시기 때문이라는 것이다.

이는 굳이 설명하거나 증거를 들이밀지 않아도 혹은 꼭 부모가 되어 보지 않아도 알 수 있는 상식이다. 아버지가 정말 아들을 사랑한다면 그가 잘못된 행동을 했을 때 꾸짖고 책망하는 건 당연하다.

또 사랑하시는 만큼 징계하신다는 말도 맞다. 하나님이 사랑하셨던 이스라엘을 보라. 그들은 하나님의 장자의 민족이다. 그분의 첫아들이자 하나님을 처음 알게 된 민족이니 그 사랑이 오죽했겠는가. 그럼에도 그 민족의 처참한 역사와 끔찍한 바벨론의 침략, 그 이후에 일어난 강대국들의 침략을 보라. 이는 모두 하나님의 의도 하에 일어난 일들이다.

하나님의 사랑이 큰 만큼 고난도 많았다는 것을 확인할 수 있다. 그렇다면 주님은 이스라엘 백성을 미워하시는 것인가? 하나님은 예레미야에게 이렇게 말씀하신다.

너희를 향한 나의 생각은 내가 아나니 재앙이 아니라 곧 평안이요 장래에 소망을 주려 하는 생각이라(렘 29:11)

그러나 하나님의 이러한 말씀이 무색해지리만큼 그들은 엄청난 재앙을 경험했다. 기근과 전쟁과 핍박, 무서운 살육은 말하기도 끔찍할 만큼 잔인했다. 이스라엘 민족을 향한 하나님의 채찍은 놀라운 것이었고 그 유례가 없을 만큼 무섭고도 살이 떨리는 재앙을 그 민족은 거쳐야 했다.

그럼에도 그들이 가진 것은 더욱 놀랍다. 무엇보다 하나님의 말씀을 가졌고 하나님이 주시는 부를 가졌으며 가장 많은 노벨상 수상자를 가졌고 세상에서 가장 다양한 지식과 지혜를 가진 민족이 되었다. 그리고 그 무엇과도 비교할 수 없는 하나님의 아들 예수 그리스도가 났으며 더 나아가 사도들을 탄생하게 했다. 사랑을 많이 받고 하나님이 많이 주신 만큼 하나님은 그들에게 많은 것을 요구하셨다(눅 12:48). 하나님의 사랑을 많이 받은 만큼 그에 따른 재앙과 고통과 고난도 뒤따랐다는 사실을 우리는 볼 수 있다.

계 3:19절의 '사랑'이 유독 특별난 이유는 여기에 사용된 헬라어 때문이다. '사랑'에 해당하는 헬라어는 φιλέω(필레오)로 주로 쓰이는 아가페와는 다른 개념의 사랑이다.

원어의 뜻을 더 깊이 보자. 필레오가 사용된 성경 구절을 보면,

'어머니나 아버지를 나보다 더 사랑하는 자는…'(마 10:37)

'…' 랍비라 칭함 받는 것을 더 좋아하느니라…'(마 23:6)

'예수를 파는 자가… 내가 입맞추는 자가 그이니…'(마 26:48)

'아버지께서 아들을 사랑하사…'(요 5:20)

'그 누이들이 예수께 사람을 보내어 이르되 주여 보시옵소서 사랑하는 자(나사로)가 병들었나이다.'(요 11:3)

'자기의 생명을 사랑하는 자는 잃어버릴 것이요…'(요 12:25)

'너희가 세상에 속하였으면 세상이 자기의 것을 사랑할 것이나…'(요 15:19)

'시몬 베드로와 예수께서 사랑하시던 그 다른 제자에게 달려가서…'(요 20:2)

'…요한의 아들 시몬아 네가 이 사람들보다 나를 더 사랑하느냐…'(요 21:15)

'만일 누구든지 주를 사랑하지 않으면 저주를 받을지어다.'(고전 16:22)

'…'우상 숭배자들과 및 거짓말을 좋아하며 지어내는 자는…'(계 22:15)

우리가 어떠한 대상이나 물건에 관심을 가지는 동작을 표현할 때 이 단어를 쓰고 있다는 것을 알 수 있다. 자세히 보면 그 정도가 보통이 아니다. 아버지나 어머니를 예수님보다 더 많이 사랑하는 것은 예수님이 기뻐하시지 않는다. 이는 거짓말을 좋아하는 것과 다르지 않다는 것을 위 구절을 보며 알 수 있다.

이는 자기의 생명을 예수님보다 더 사랑하는 것과도 같다. 즉, 그리스도인들에게 요구하시는 필레오 사랑은 우상 숭배하지 말라는 하나님의 말씀과 밀접하게 연관되어 있음을 알 수 있다.

우리는 당연히 부모님을 사랑해야만 한다. 이것은 마땅히 행해야 할 하나님의 명령이다. 그러나 우리의 마음이 하나님보다 부모님을 더 사랑하면 우상 숭배가 된다.

우리의 생명뿐 아니라 그 어느 것도 예수님이 계신 자리를 빼앗게 해서는 안 된다는 뜻이다.

바울이 말한 바 누구든지 예수님을 사랑하지 않으면 저주를 받을 것이라는 말을 우리는 이해할 수 있다. 누구든지 우상 숭배를 하면 저주를 받을 것이라는 말과 동일한 뜻이기 때문이다.

우상 숭배는 우리가 하나님보다 더 좋아하는 모든 것을 가리킨다. 그때문에 바울은 탐심이 곧 우상 숭배임을 선언하고 있다(골 3:5).

필레오는 모든 것을 다해 어떤 대상을 사랑하는 것을 의미한다. 내 마음의 주인이 누구인지를 결정하는 마음의 상태를 뜻하는 것이다. 이 사랑은 매우 우주적이다. 하나님이 전 우주에서 오직 인간에게만 요구하시는 것 즉, 필레오는 오로지 서로의 마음속에 상대방이 주인이어야 하는 우주적인 사랑을 의미한다.

마치 사랑하는 연인의 마음속에 주인은 오로지 상대방인 것처럼 말이다. 이는 단순히 피조물들이 하나님을 주인으로 여겨 경배하는 개념과는 다르다. 분명 인간은 하나님 앞에 매우 특별한 사랑의 대상이다.

이 말은 물론 예수님이 라오디게아 교회 사자에게 하신 말씀이다. 그렇다면 그 사자가 예수님의 마음의 주인이 되느냐고? 물론이다. 굉장히 납

득이 안 가는 표현이지만 이는 하나님이 인간을 창조하신 가장 중요한 이유 중 하나였다.

하나님은 우리 안에서 왕 노릇 하고 싶어 하시고 또 반대로 하나님은 자신의 마음속에서 인간이 최고의 존재가 되기를 원하셨다. 그 어떠한 피조물보다 더. 그래서 예수님은 이렇게 기도하셨다.

우리와 같이 그들도 하나가 되게 하옵소서(요 17:11)

예수님과 하나님은 사랑하심으로 하나가 되셨다. 하나님은 예수님을 그렇게 사랑하셨고 예수님도 하나님의 마음을 이해하시며 그분 자체를 사랑하셨다. 그렇게 하셨기에 예수님은 기꺼이 십자가를 지실 수 있었다. 하나님을 사랑하는 그 사랑으로 우리를 사랑하셨고 이제 예수님은 우리가 그런 사랑을 하기를 원하신다.

여기서 우리는 예수님의 역할 중 하나를 확인할 수 있다. 그분은 우리를 하나님과 화평케 하는 분이다. 하나님과 우리는 예수 그리스도 안에서 하나가 된 것이다.

이는 오로지 함께 하기 위해서였다. 하나님이 예수님을 이 땅에 보내신 이유는 이것 하나였다. 필레오의 사랑을 영원히 나누기 위해서였다. 단순히 하나님께 받기만 하는 사랑이 아닌 친구와 같이 같은 마음으로 하나님과 주고 받는 거룩한 사랑 말이다.

발람이 이스라엘을 저주하려 했으나 되지 않자 그는 모압의 왕 발락에게 꾀를 낸다. 그들이 저주를 받을 수 있는 길은 그들 스스로 하나님 앞에 범죄하는 길밖에 없음을 알려준다.

이방 여인들은 이스라엘의 남자를 유혹해 음행하게 하고 자신들의 신에게 경배하게 만든다. 이때 아론의 손자인 비느하스가 나서서 시므리와 고스비를 창으로 꿰뚫어 죽여 버린다.

이때 하나님은 모세에게 '비느하스가 내 질투심으로 질투하여…'라고 말씀하신다. 70인 번역은 이 구절의 '질투하여'를 ζηλῶσαί(zelosai)로 기록한다.

여기 계 3:19절의 '열심을 내라'에서 사용된 헬라어와 같은 단어다. 이 단어의 어원은 계 3:15절의 '뜨겁다'(ζεστος: zestos)의 어원(ζεω: zeo, 열심)과 같다.

'열심', '뜨겁게'라는 단어가 각기 다른 뜻의 두 단어 '덥다'와 '열심을 내다'의 어원이 되는 것이다. 이를 보면 예수님이 라오디게아 교회 사자에게 얼마나 뜨거움과 열심을 바라고 있는지를 알 수 있다.

비느하스가 품었던 하나님의 열심과 질투심을 라오디게아 교회 사자도 품어주길 원하시는 마음으로 서신 곳곳에 이 단어를 사용하셨다는 것을 알 수 있다. 하나님이 그의 삶에서 이루시고자 하시는 모든 사역이 아무런 감흥 없이 이뤄지는 것이 아니라 온전한 마음으로 예수님과 하나 되어 이루기를 원하시는 것이다.

이러한 메시지는 비단 라오디게아 교회 사자에게만 하시는 말씀이 아니리라고 난 믿는다. 하나님은 우리를 미친 듯이 사랑하신다. 언제까지나 그러실 것이다.

예수님을 사랑하시는 마음으로 우리를 사랑하시며 예수님 또한 하나님을 사랑하시는 마음으로 우리를 사랑하신다. 이 사랑만이 하나님과 교회가 하나가 되게 할 수 있음을 예수님은 전 서신에 걸쳐 강조하시고 또 강조하시는 것이다.

그럼에도 유대인의 영광이 다르고 헬라인의 영광이 다르듯 라오디게아 교회 사자가 받을 영광과 다른 교회가 받을 영광이 다르다고 믿는다. 그는 분명 많이 받은 사람이다.

그렇기에 하나님은 다른 교회에 비해 더 큰 것을 요구하시는 것 같다는 생각이 든다. 능력이 적은 자에겐 요구하실 수 없는 다른 차원의 레벨을 요구하시는 것이다. 사도들에게 요구하시는 것과 선지자에게 요구하는 것, 교사에게 요구하는 것이 다르듯 말이다.

라오디게아 사자는 욥처럼 때론 바리새인들처럼 혹은 장자의 민족인 이스라엘처럼 영적으로도 육적으로도 많은 능력 곧, 많은 부를 받은 자가 분명하다. 이 때문에 하나님이 그에게 요구하시는 마음의 중심이 남

다르다는 생각이 드는 주님의 말씀이다.

비느하스와 같이 아니, 예수님이 하나님과 온전히 마음이 합하여 일하셨던 것과 같이 라오디게아 교회 사자 또한 그러한 마음의 중심으로 일하기를 간절히 원하시고 있다. 그가 하는 일의 결과는 다른 사람들이 했던 일의 결과와 혹 같을 수도 있다. 목회로 성도를 삼천 명이 넘게 모이게 하고, 선교지에 가서 많은 일을 했을 수 있다.

그러나 주님이 원하시는 라오디게아 사자의 모습은 온전한 기쁨으로 그 일을 하기를 원하시는 것이다.

물론 불평하면서 그 일을 하는 것을 하나님이 받지 않으신다는 것은 아니다. 우리의 연약함을 주님은 이해하신다. 툴툴거리면서도 아버지가 해 놓으라는 일을 한 아들이 결국 순종하는 아들인 것처럼 말이다. 그 아들이 그렇게 불평했던 것은 그릇이 그만큼이거나 혹은 덜 훈련된 그의 모습이었기에 그럴 수 있음을 주님은 아신다.

하지만 주님은 라오디게아 교회 사자에게 그 이상의 것을 원하신다. 하나님의 나라를 세우는 데 있어 온 마음과 온 힘과 온 뜻을 다해 -예수님이 그러하셨던 것처럼- 그분의 뜻을 행하기를 원하시는 것이다. 하나님의 질투를 가졌던 비느하스처럼 말이다.

물론 비느하스가 했던 행동 그대로 누군가를 죽이라는 뜻은 결코 아닐 것이다. 예수님보다 부모님을 더 사랑하지 말라 해서 그분들을 사랑해서는 안 된다는 의미도 아니다. 성경은 언제나 양날의 검이다.

좌로나 우로나 치우치면 우리는 하나님이 우리에게 진짜 말씀하시고 싶어 하시는 진리를 알 수 없을 것이다. 주님은 내 마음의 주인이 누구인가를 결정하고 그 주인이 원하는 것을 기꺼이 기쁜 마음으로 하라는 뜻으로 이 말씀을 하신 것이리라 믿는다. 우리는 상황에 따라 뜨겁기도 하고 차갑기도 해야 함을 잊지 말아야 한다.

내가 네 안에 네가 내 안에

〈파리의 연인〉이라는 드라마의 이 말은 굉장히 유명하다.

'네 안에 나 있다'

어쩌면 이 말의 원조는 예수님이실지도 모른다. 절절하고 로맨틱한 사랑 고백의 절정을 이루는 이 말은 예수님이 일생을 바치고 하나님이 영원을 다해 우리 인간에게 하시는 말의 전부라고도 할 수 있다.

바울이 일일이 설명한 복음의 의미도, 창세기부터 이어진 인류의 역사를 나열하게 된 이유도, 성경을 읽고 심지어 이 글을 읽고 있는 이유도 모두 하나님이 하시는 이 말을 인간이 온전하게 받아들이게 하기 위해서다.

우주가 창조되고 에덴동산이 만들어진 가장 중요한 이유는 하나님이 사랑하고 싶어서였다. 단순히 쾌감을 위한 사랑이 아니다. 당신이 지은 피조물을 희롱하기 위해 하는 사랑도 아니다. 온 마음과 온 힘을 다해 사랑하기 위해 상대를 정하셨고 그 대상이 인간이었다.

능력 있고 잘생기고 부자인 데다 못하는 게 없는 신이 사랑에 빠졌다. 만약 우리가 이러한 사건들을 드라마로 시청하고 있다면 왜 그 상대가 사랑에 빠지지 않는지를 궁금해할 것이다. 그렇다고 그 신이라는 존재가 절대로 건방지다거나 잘난 체를 하는 것도 아니고 진심을 다해 사랑을 하고 있는데도 말이다.

몇천 년을 애걸복걸해댄다. 그런데 그 대상이 계속 튕기고 있는 걸 보면 혀를 찰 것이다. 게다가 그 상대는 가난한 데다 가련하고 눈도 멀고 벌거벗기까지 했다. 심지어 그 꼴을 하고는 거만해서 스스로가 부자인 냥 잘난 척을 해댄다.

그럼에도 이 멍청하고 바보 같은 신은 아직도 이런 고백을 하고 있다.

내가 문밖에 서서 두드리노니 누구든지 내 음성을 듣고 문을 열면 내가 그에게로 들어가 먹고 그는 나로 더불어 먹으리라(계 3:20)

왜 이런 구차한 행동을 하는가. 어느 하나 부족함 없는 하나님이 왜 이런 행동을 하시는가. 답은 하나다. 그분의 말 속에 다 들어있다.

'내가 사랑하는 자를….'

그분은 우리를 미친 듯이 사랑하신다. 할 일이 없어서도 아니요 사랑해서 뭘 얻으려는 것도 아니다. 아무것도 아닌 우리를 그저 미친 듯이 사랑하는 것뿐이다.

그러나 이 사랑 안에는 수많은 하나님의 계획과 섭리와 나라와 영원이라는 시간이 존재한다. 새 하늘과 새 땅, 새 예루살렘, 예수님의 성육신을 통한 성령님의 역사하심과 이방인과 유대인의 하나 됨, 인간에 대한 심판과 우주의 별들을 움직이는 일들 모두 이 사랑이라는 이유 하나로 움직인다.

무엇보다 인간이 모든 과정을 거쳐 그 자체로 나라가 되고 하나님의 아들이 되며 신과 같이 되는 날들이 그 안에 있다.

예수님은 서신 말미에 우리와 더불어 먹겠다고 말씀하신다. 무엇을 먹는가. 왜 먹는가. 그 답은 간단하다. 사랑하는 사람과 데이트할 때 제일 먼저하고 제일 많이 하는 일이 먹는 일이기 때문이다. 먹는 게 특별해서일까?

아니, 오히려 먹는 것이 가장 평범해서다. 하나님은 우리의 평범한 모든 일상을 함께 하고 싶어 하신다. 그것이 하나님이 우리 안에 들어오려는 이유다.

성경에서도 먹는 행위를 굉장히 중요하게 여긴다. 이스라엘 민족이 광야에서 매일 먹었던 것은 아침마다 내려오는 만나였다. 예수님은 스스로를 만나라고 표현하셨고, 생명의 양식이라고 하셨다. 또한 그분의 살과 피를 먹고 마시지 않으면 그 안에 영원한 생명이 없다고도 선포하셨다.

이는 무엇을 뜻하는가. 우리는 선악과를 먹음으로써 욕심을 택하였고 하나님의 명령을 버렸다. 이는 악을 택하고 선을 버리는 행위였고 하나님이 아닌 사단의 말을 선택하는 행위였다.

이제 예수 그리스도를 택하여 그분의 살과 피를 먹으며 그분과 함께 행하는 행위는 곧 생명나무의 과실을 먹기로 선택했다는 우리의 뜻을 반영하는 것이라고 할 수 있다.

이러한 선택은 한 번만 이뤄지는 것이 아니다. 만약 한 번만 이뤄지는 것이었다면 예수님은 결코 내가 네 안에 거하겠다고 말씀하시지 않았을 것이다.

이러한 선택이 한 번이 아닌 우리가 삶을 사는 동안 밥을 먹는 것처럼 매일 이뤄지기를 원하셨기 때문에 이 말씀을 하신 것이리라 믿는다. 사데 교회에서 흰옷을 입고 그 이름을 더럽히지 않는 것은 영원한 나라에서 이뤄지는 거룩한 삶의 형태 중 하나라고 말한 바 있다.

우리는 영원한 나라에서만 이 거룩한 삶을 살아야 하는 것이 아니라 이 땅에서도 예수님과 함께 그 삶을 연습해야만 한다. 그러나 예수님과 함께 연습해야만 성공할 수 있다. 예수님이 없이, 성령님이 없이 우리 스스로는 결코 하나님이 원하시는 거룩한 삶을 영위할 수 없다.

하나님의 절절한 고백, 또한 하나님의 명령에 순복할 수 있는 부드러운 마음의 상태, 거룩한 삶을 살 수 있는 유일한 방법은 예수님이 내 안에, 예수님 안에 내가 사는 것뿐이다.

Revelation

5장
라오디게아 교회
사자에 관하여

이기는 그에게는 내가 내 보좌에
앉게 하여주기를 내가 이기고 아버지 보좌에
함께 앉은 것과 같이 하리라 계 3:21

통치자

라오디게아 교회 사자에게 하신 예수님의 약속은 어찌 보면 권력의 분열을 야기한다고 여겨질 만큼 굉장한 것이 아닐 수 없다. 예수님은 그분의 권좌를 라오디게아 교회 사자와 나누겠다고 말씀하셨다. 이는 예수님이 그와 권력을 나눠 갖겠다는 의미와 같다고도 할 수 있다. 만약 그가 이긴다면 말이다.

영원한 세상의 왕은 누구인가. 예수 그리스도이며 성령님이시며 하나님 아버지시다. 그분이 왕이 아니고 누가 왕일 수 있겠는가. 이분들이 가지고 계신 그리고 앞으로도 가지고 계실 권좌의 권력은 어마어마한 것이다.

권좌가 상징하는 힘은 무소불위하며 모든 시간과 모든 세상에 적용되는 엄청난 힘의 주권자가 행할 수 있는 권력이라고 할 수 있다. 따라서 라오디게아 교회 사자에게 주신 약속 - 권력의 나눔은 다른 교회 사자들에게 하신 약속과는 차원이 다른 약속이라고 할 수 있다.

새 예루살렘의 기둥이 되게 해주겠다거나 흰 옷을 입고 함께할 것이라는 것, 그 이름이 생명책에서 지워지지 않게 하겠다는 것, 생명나무의 과실을 먹게 하겠다는 것, 둘째 사망의 해를 받지 않게 하겠다는 것, 감추었던 만나를 주겠다는 것 또한 하나님만이 가지고 계신 고유한 권한의 것들이지만 보좌라면 얘기가 다르다.

라오디게아 교회 사자가 받을 상급이라면 서머나 교회 사자가 받을 생명의 면류관이나 만국을 다스리는 상급 정도일까.

하지만 이 두 가지 상급도 따져보면 예수님의 권좌가 가지고 있는 무소불위의 권력과는 조금 다른 차원이다. 서머나 교회 사자의 면류관은 '생명의 면류관'이다.

이 면류관이 과연 하나님이 행하시는 것과 같은 권력을 행사할 수 있을지는 가봐야 알 문제겠지만 일단 여기서 나오는 면류관의 이름은 분명 '생명의 면류관'이다. 생명에 관한 면류관이라고 표명해 놓은 것을 보면 생명에 관한 통치와 연관이 되어 있기에 이런 이름을 붙여놓은 것이 아닌가 한다.

이것 또한 면류관이기에 통치와 연관이 있을 테지만 그 통치의 영역이 어느 정도인지는 우리가 가늠할 수 없다. 그러나 분명한 건 라오디게아 사자에게 주신 권좌의 나눔은 서머나 교회 사자의 것보단 더 큰 영역에 관한 것임엔 틀림없다는 것이다. 예수님이 앉으신 것과 같은 권력의 보좌보다 더 큰 것은 없을 것이기 때문이다.

두아디라 교회 사자가 받을 만국을 다스리는 권세도 한정적이다. 만국이라면 모든 국가 즉, 국가가 형성된 세상에 한해서 적용되는 권세라고 할 수 있다. 국가는 '사람'이 사는 경계를 지칭하는 말이고 따라서 만국의 다스리는 권세는 모든 세상이 아닌 사람들이 사는 영역에 한한 것이라고 할 수 있을 것이다(이는 온전히 나의 의견일 뿐이다).

그러나 지금 라오디게아 교회 사자가 이겼을 때 얻을 수 있는 권세는 단순한 권력이 아니다. 하나님이시기에 그분은 사람이 사는 세상뿐 아니라 그 외 모든 우주와 모든 세계에 관한 권한을 가지고 세상을 다스리셔야 한다.

이 권한은 한시적인 것이 아니라 영원한 것이다. 보좌에 앉는다는 사실은 말 그대로 최고의 위치에서 최고의 권력을 가진 자가 된다는 뜻이다. 그런데 주님은 이 권력을 라오디게아 교회 사자에게 나눠주시겠다고 말씀하신다.

이 세상의 기한이 있는 잠깐 스치고 갈 보좌가 아닌 영원한, 모든 세상에 관한 우주를 통치할 수 있는 권력의 보좌를 말이다,

필자는 사실 이것을 기록하기 전까지만 해도 예수님이 약속하신 이 상급의 의미가 얼마나 엄청난 것인지 잘 감지하지 못하고 있었다. 예수님이 가지신 것과 같은 수준의 통치를 그에게 주시겠다고? 이건 대체 얼마나 뭘 해야 받을 수 있는 것일까. 아니, 이 질문은 잘못되었다.

사실 라오디게아 교회 사자가 하는 것은 아무것도 없기 때문이다. 그

는 오로지 엄청난 사랑을 받은 사람일 뿐이다. 제대로 된 질문은 '대체 얼마나 사랑을 받아야 이런 상급을 누릴 수 있는 것일까'이다.

하지만 오해는 금물이다. 우리가 예수님이 받으셨던 것과 같은 보좌에 앉는다고 해서 우리의 영원한 왕이 열 명, 스무 명으로 분산되는 것은 아니다. 나라가 클수록 왕의 칭호는 다양해진다.

예를 들면 중국은 왕이 아니라 황제였다. 땅이 컸던 중국의 각 지방의 우두머리를 왕이라고 불렀다. 우리나라가 중국의 치세에 힘이 밀리기 시작했을 때 우리나라는 더는 왕을 황제라 부르지 않고 왕이라 했고 나라 안에서도 백성들은 왕을 폐하가 아닌 전하라고 낮춰 불렀다.

하나님의 나라가 꼭 이와 같으리란 법은 없겠지만 어쨌든 그분이 앉으신 것과 같은 보좌에 앉는 왕들의 기본적인 정신 안엔 반드시 그 상위의 영원한 왕과 그들이 섬기는 하나님은 오직 삼위일체 하나님 한 분일 수밖에 없을 거라는 사실이다.

왜냐하면 이기게 된 라오디게아 교회 사자의 마음에 사랑하는 단 하나의 존재는 오직 하나님이신 예수 그리스도뿐일 테니 말이다.

또한 우리가 알아야 할 중요한 사실은 예수님이 이 상급에 대하여 말씀하시기 전에 하신 중요한 말씀이다.

'내가 네 안에 들어가 나로 더불어 먹겠다.'

아무리 강조해도 모자랄 말씀 속 행위는 우리가 육을 가진 채 살아가는 이 세상에서만의 일이 아니다. 이는 우리의 영원한 일상이 될 것이다. 어찌 보면 이러한 일상 때문에 예수님은 아주 자신 있게 라오디게아 교회 사자에게 보좌의 권력을 나눠주겠다고 말씀하신 건지도 모른다.

예수님은 라오디게아 교회 사자가 **이 세상에 사는** 동안에 자신과 함께 먹고 마시기를 원하신다. 이 세상에서 살았던 우리의 모습이 영원을 결정짓기 때문이다. 삶은 영원에 대한 기회요 영원의 표본이다.

이러한 상급을 통해 확실히 알 수 있는 것은 라오디게아 교회 사자가 어쨌든 많이 받은 자였다는 사실이다. 욥처럼 스스로가 가진 의로움도 컸던 자였던 것 같다(저자 주. 라오디게아라는 이름 자체가 의인이라는 뜻이다). 이스라엘 백성처럼 하나님의 장자의 민족으로서의 타고난 축복을 가진 사람이었을지도 모른다.

스스로 부자였다고 착각을 할 만큼 많이 받은 자였기에 교만할 수도 있었을 것이다. 또한 많이 받은 자였기에 주님은 그가 모든 일을 하는 가운데 예수님이 기쁨으로 모든 일을 하신 것과 같은 중심을 향해 눈을 뜰 수 있었을지도 모른다.

예수님이 자신의 권좌의 권력을 나눠주신다는 이 파격적인 약속을 그에게 하실 수 있는 이유는 그가 정말로 예수님과 하나가 될 수 있다는 확신이 있었기 때문이다.

만약 이런 확신이 없었다면 예수님은 결코 이러한 약속을 하시지 않았을 것이다. 우주는 하나님의 선하신 영향력 아래 통치를 받아야 하고 그렇게 되지 않는다면 우주는 망하게 될 것이다.

이는 불 보듯 뻔한 일이다. 만약 라오디게아 교회 사자가 우주를 통치할 수 있게 된다면 그것은 정말로 예수님과 하나님과 성령님과 한마음 한뜻으로 매 순간 행동할 수 있기 때문이리라.

다시 말하지만 이러한 행위는 영원한 나라에 간다고 해서 순식간에 되는 것이 아니다. 불로 연단한 금을 사야 하고 흰옷을 사서 입어야 하고 안약을 눈에 발라야 한다.

다른 말로 하면 라오디게아 교회 사자는 하나님이 주시는 고난을 기쁨으로 택해야 하고 매일 회개하며 매일 자신을 되돌아보아 깨끗하게 해야 한다. 구약의 제사장들처럼 혹은 선지자들처럼 신약의 사도들과 같은 마음으로 살아야만 하는 것이다.

한 톨도 남김없이 모든 것을 버리고 주를 따라야 하고 모든 것을 드려 천국으로 들어가는 진주를 사야 한다. 모든 것이란 결국 모든 시간과 모든 생각과 모든 마음을 의미한다.

그가 가진 명예와 물질뿐 아니라 그가 가지고 있던 모든 것을 나실인처럼 주님께 온전히 드려야만 하는 것이다. 이것이 라오디게아 교회 사자가 해야 할 온전한 회개이며 열심이라고 할 수 있다.

주님의 제자들이 모든 것을 버리고 주님을 쫓은 것과 같이 라오디게아 교회 사자는 모든 것을 버리고 주님을 쫓아야만 한다. 거기에 더해 그는 예수님이 자신 안에 들어와 온전한 사랑으로 통치하시기를 기뻐해야 한다.

서로가 서로에게 왕이 되어 완전한 사랑을 우주에 내보여야 하는 필레오가 그 안에 살아 숨 쉬어야 한다는 것이다. 이것이 예수님과 함께 세상을 통치할 수 있는 유일한 방법이며 하나님이 권력을 나누실 수 있는 가장 중요한 이유다.

욥과 같은 부자

욥은 실로 대단한 사람이었다. 저런 고난을 받고도 어떻게 하나님을 경배하고 찬양할 수 있을까 생각하게 된다. 그러나 이러한 욥의 위대한 모습은 2장에서 그친다.

3장 이후 그의 행보는 세 친구의 비난과 정죄를 반박하기 위해 자신의 의로움을 최선을 다해 나타내려고 몸부림을 친다. 욥은 자신의 행위에서뿐 아니라 마음으로도 의로움을 지켰다 변론한다.

이러한 상황을 보고 있자면 우리는 한숨이 나온다. 답답해 죽을 지경이다. 사실 그가 하는 이야기가 옳기 때문이다. 그는 심적으로도 행위적으로도 매우 의로운 사람이었다. 하나님이 인정하실 정도가 아니었던가.

그런데 여기서 우리는 한 가지 사실을 간과하고 있다. 이 사실을 간과하고 있기에 우리는 답답하고 한숨을 쉬며 하나님을 원망하는 마음을 가지게 된다. 왜 내기 같은 것을 하셔서는. 가만히 잘살고 있는 사람을 왜 건드리셔서는.

자, 우리가 간과하고 있었던 사실을 살펴보자. 욥이 행할 수 있었던 그 의로운 행동의 근원이 바로 하나님께로부터 온 것이라는 분명한 사실. 다 아는 진리이지만 너무나 당연하고 커서 볼 수 없는 그런 진리다.

라오디게아 교회 사자가 부자일 수 있었던 것은 하나님이 주셨기 때문이다. 다니엘이 지혜로울 수 있었던 것이 하나님께로부터 온 것인 것처럼 말이다. 그는 자기 지혜를 자신의 것이라 말하지 않았다. 그는 왕 앞에 가서도 그 지혜의 출처가 하나님이심을 명확하게 밝혔다.

우리가 아무리 많은 재물을 모으고 아무리 많은 지혜를 깨달아도 그것은 모두 다 하나님의 손에서 나온 것이다. 재물의 원천은 이 세상에 원래 있었던 것에서 나온 것이라면 그 모든 것은 마땅히 하나님의 것일 수밖에 없다.

그 재물을 만들어 팔거나 사서 거물이 되는 지혜도 모두 하나님께로부터 온 것이다. 결국 우리의 뇌와 마음과 몸의 모든 기능을 작동하게 했던 창조자는 하나님이시기 때문이다.

우리는 다만 창조자가 원하는 대로만 생각하는 로봇이 아니라 자유의지라는 것을 받아 행동할 수 있는 생명체라는 것이 다를 뿐이다. 세상의 모든 힘과 모든 지혜와 모든 권력은 모두 하나님께로부터 온 것이다.

누군가 연약하게 태어났다면 그 또한 하나님의 계획이다. 빌라델비아 교회 사자는 라오디게아 교회 사자에 비해 적은 능력을 지닌 자다. 따라서 실수도 많고 스스로 생각하기에 의롭지도 착하지도 않은 사람이다.

이 때문에 하나님은 그에게 별다른 요구를 하지 않으신다. 다만 나에게 붙어 있으라고 말씀하실 뿐이다. 그의 능력이 그만큼 밖에 되지 않으니 덜 요구하시는 것이다.

하지만 욥과 같은 사람은 빌라델비아 교회 사자가 할 수 있는 모든 것을 다 하고도 남는 사람이다. 달란트 10을 가진 사람에게 1달란트는 10분의 1이라는 조그만 양으로밖에 보이지 않는다. 이 때문에 그의 눈엔 빌라델비아 교회 사자는 한심하고 무능력한 사람처럼 보일지도 모른다.

이러한 관점이 라오디게아 교회 사자가 교만할 수 있는 아주 적절한 환경이라고 할 수 있을 것이다. 많이 받았기에 하나님이 아니어도 스스로 의로울 수 있다고 혹은 부자가 될 수 있다고 착각하게 만드는 것이다.

그에 비해 1달란트를 받은 빌라델비아 교회 사자는 모든 것이 하나님께로부터 온 것임을 얼른 인정할 수 있을 것이다. 이렇듯 능력의 많고 적음 안엔 장단점이 존재한다.

따라서 욥과 같은 사람이 자신의 죄인 됨을 인정하는 것은 여간 어려운 일이 아니다. 그에겐 무능력함이라는 것을 느낄 때가 별로 없기 때문이다. 빌라델비아 교회 사자가 모든 것을 잃어버린다면 그는 1달란트를 잃어버리는 것이다. 따라서 조금만 잃어도 그는 이미 바닥이다.

하지만 욥이 모든 것을 잃어버릴 땐 각오를 해야 한다. 10달란트 정도가 아니라 10조, 20조의 돈을 한꺼번에 잃어버리는 것과 같은 아픔을 지나야 할 것이다.

그렇다면 하나님은 왜 그토록 그의 무능력함을 드러내시기 위해 안간힘을 쓰신 걸까. 항상 의로웠던 그대로 살았다면 좋지 않았을까. 하지만 우리는 확인할 수 있다. 그의 교만이라는 죄는 결국 친구들과의 논쟁에서 나타나고 있다.

그는 세상 그 누구보다 심지어 하나님보다 다 의롭다고 스스로 천명하고 있다. 라오디게아 교회 사자가 더 이상 부자가 될 수 없을 만큼 부자라고 착각하고 있었던 것과 같은 논리다.

진흙이 가라앉은 물은 깨끗해 보이지만 흔들면 반드시 그 밑에 있던 진흙이 드러나게 되어 있다. 그의 교만함은 오직 하나님만 보고 계셨다. 이것은 언젠가 드러날 교만이었다.

사단과의 내기는 이 교만을 들춰내시는 하나님의 방법 중 하나였을 뿐이다. 사단이 하나님을 이용한 것이 아니라 하나님이 사단을 이용하신 것이다.

하나님의 손을 거치지 않은 인간의 의로움은 너무나 보잘것없고 연약하다. 이는 마치 인간이 자신 스스로를 구원하겠다고 나서는 것과 같다. 죄인임을 인정하지 않는 인간이 얼마나 교만한지를 보라.

자신의 잘못을 인정하지 않는 사람이 얼마나 악한 사람인지를 보라. 다시 인용하지만 엘리후는 모든 논쟁을 듣고 난 후 성령에 감동되어 욥에게 소리친다.

삼가 악에 치우치지 말라 네가 고난보다 이를 택하였느니라(욥 36:21)

그의 말은 하나님께로부터 온 것이 분명했다. 그가 악한 사람들과 다를 바 없다는 것을 엘리후는 조목조목 얘기해 준다. 악한 사람들의 공통점은 자신이 가지고 있는 조그만 의를 사람들 앞에 내세우며 따지고 든다는 것이다. 악인이나 오만한 자는 자신의 과오를 인정하기보다 더 악하다고 생각하는 다른 이들보다는 자신이 더 의롭다며 변론하려 한다. 혹은 이것 때문에, 저것 때문에 자신이 잘못할 수밖에 없었다며 다른 이들에게 죄를 뒤집어씌우기도 한다.

욥 또한 그들처럼 말했다. 뒤집어씌울 사람이 없기에 급기야 하나님이 자신보다 불의하다며 스스로를 변론하고 나섰다. 자신의 그 모든 의가 하나님께로부터 온 것임을 인정하면서도 하나님이 불의하다는 딜레마에 빠져버린 것이다.

스스로가 죄인임을 깊이 숙고하지 않는 자는 결코 십자가 앞으로 나아갈 수 없다. 세상의 모든 죄에서 인간을 구원하실 수 있는 능력을 가지신 분은 오직 예수님 한 분뿐이시기에 주님은 우리에게 기어코 우리의 악함과 죄 됨을 깨닫게 하실 수밖에 없었다. 그래야만 십자가 앞에 나아가고 그래야만 구원을 얻을 수 있기 때문이다. 그래야만 하나님과 하나가 될 수 있는 복을 누릴 수 있기 때문이다.

천국은 겸손한 자들의 나라다. 교만이 실오라기라도 있는 사람은 결코 그 나라에 입성하지 못할 것이다. 모든 일을 자신이 아닌 하나님이 하셨다고 깊은 마음으로 고백할 수 있는 자만이 들어갈 수 있는 나라다.

그러나 이렇게 "모든 것을 다 하나님이 하셨다고" 하는 사람들은 마치 아무것도 하지 않고 천국에 들어가는 사람들처럼 무능력해 보인다.

모든 것이 다 하나님의 은혜로 이뤄진 것이기 때문이다. 과연 이러한 사람들이 무능력한 것처럼 보이는가. 그렇다면 다윗도 다니엘도 예수님의 제자들도 무능력한 사람처럼 보여야 한다. 하지만 그들은 그 누구보다 지혜롭고 용맹했다.

그리고 겸손했다. 그 때문에 어떠한 작은 자라도 어떠한 불의한 자들이라도 이해해주고 용서해 주고 사랑해 줄 수 있었다. 천국은 이러한 자들의 것이다.

택하신 이스라엘 백성들

욥의 의로움과 라오디게아 교회 사자의 부함이 하나님께로부터 온 것은 주님이 그저 택하시고 주셨기 때문이다. 마치 이스라엘 백성이 그저 택함을 얻어 하나님의 선민으로서의 축복을 거저 받았던 것처럼 말이다. 라오디게아 교회 사자의 모습을 보면 이스라엘 백성들이 떠오른다.

영적으로도 육적으로도 부한 그들. 하나님의 말씀을 받았던, 우리가 우러러보는 믿음의 선진들을 배출했던, 12명의 사도뿐 아니라 하나님의 약속을 집대성한 바울 그리고 예수님이 오시기까지 역사를 창조하고 이끌었던 모든 주역이 다 이스라엘의 핏줄에서 흘러나왔다. 그들은 우리들의 형이다.

이방인이 동생이라면 그들은 필시 형이다. 장자인 민족은 어찌 되었건 이방인이 아니라 그들이다. 하나님은 다만 장자가 가진 권리를 동생인 우리 이방인들에게 나눠주신 것뿐이다.

많이 받았던 그들에 대한 하나님의 택하심이 질투가 나기도 하고 불

216

공평해 보이기도 하다. 그러나 이것이 불공평한 것일까. 아래 글은 최근에 읽었던 〈유대민족의 비극적 역사와 교회〉라는 책에서 발췌한 것이다.

> … 우리의 과거도 고통으로 가득 차 있었지만, 지금은 그 어느 때보다도 더 무서운 고통과 고문과 치욕을 겪고 있나이다. 우리는 산 채로 매장되고 산 채로 불태워지며 온갖 조롱과 모욕을 받고 하나님과 사람으로부터 버림을 받고 있나이다.
>
> 그래도 우리는 당신의 인내의 한계가 어디까지인지를 알아야 할 권리가 있음을 당신께 말하기를 원하나이다. … 당신은 나에게 모욕을 주시고 나를 징벌하시고 내가 가진 모든 것을 박탈하시고 죽기에 이르도록 나를 고통스럽게 하셨나이다.
>
> 그렇지만 나는 당신을 믿겠나이다. 당신이 나를 무엇으로 시험하시든지 나는 당신을 사랑하나이다! 진노하신 하나님이시여, 이것이 당신께 드리는 나의 마지막 말입니다. 당신은 절대 성공하지 못할 것입니다. 당신은 내가 당신을 부인하게 하기 위하여 온갖 일을 다 하셨고 당신에 대한 믿음을 잃어버리도록 강요하셨지만 나는 이전에 그랬던 것처럼 지금도 당신을 믿나이다.

이 글은 유태인 600만 명이 대학살 되었던 그때 츠비 콜리츠라는 사람이 당시의 상황을 보며 했던 기도다. 이스라엘 백성은 역사상 존재했던 모든 제국에 의해 짓밟혔다. 애굽에서 430년의 종살이를 했고 북이스라엘은 앗수르에 의해 멸망되었다. 남유다는 바벨론이 멸망시켰으며 그 이후 메대 바사 제국을 거쳐 그리스, 로마 시대까지 그들은 제국의 치하에서 고통당했다. 그 이후는 어떠한가.

그들을 통해 기독교가 탄생했지만, 기독교는 2000년 동안 유대인이라는 이유로 그들을 고문하고 핍박했다. 히틀러는 기독교의 이념을 이용해 유대인들의 씨를 말려야 한다는 악마의 속삭임을 하나님의 뜻으로 포장해 주장했다.

그런데 이 모든 걸 하나님이 보고 계셨다. 하나님의 거룩한 약속만을 믿고 바라고 버리지 않았던 그들 위에 제국들의 핍박이라는 압슬(고문도구)을 허용하셨다.

그럼에도 보라. 저 글을 보라. 그들이 가진 하나님의 사랑은 죽지 않았다. 예수 그리스도가 없는 이방인들의 신념과는 비교도 안 되는 강력한 신념이 켜켜이 쌓인 저들의 부함을 보라.

비록 예수님을 제대로 보지 못했고 가난했고 가련했고 벌거벗었고 하나님이 원하시는 것이 무엇인지 아는 확연한 차가움을 지니지 못했고, 또 때론 하나님을 향한 뜨거움을 잃어버리기도 했으나 그들은 분명 우리 동생들보단 훨씬 부자들이었다. 그들의 고통이 있었기에 우리는 예수 그리스도를 만날 수 있었다. 형은 형이었다.

모든 역사 속에서 작고 나약한 것처럼 보이는 땅과 왕조를 잠깐 가졌다 빼앗겨 온통 핍박과 피로 얼룩져 있었으나 그들은 그 어떠한 민족보다 하나님을 사랑했다. 또 믿음을 가진 민족이었다. 어쩌면 지금도 그러할지 모른다.

아니, 그렇다. 그들이 많이 가졌던 만큼 하나님은 많은 것을 요구하셨다. 율법이 철저하게 몸에 배야 했던 민족, 인간의 인내가 너덜너덜해질 만큼 처절했던 세월을 그들은 지나야 했다.

그들은 순금이 되기 위해 몇천 년 동안 불에 연단되고 있었는지도 모른다. 그렇게 힘겹게 지나온 우리의 형들이 만일 하나님의 성령을 알고 예수 그리스도를 구주로 받아들였을 때를 상상해 보라. 욥이 회개한 후 갑절이나 받았던 것처럼 이스라엘 또한 그럴 것이다.

이스라엘이 돌이킨 후 그들의 마음을 속이기란 여간 힘든 일이 아닐 수 없을 것이다. 하나님의 율법이 살아 움직여 예수 그리스도와 하나가 되고 성령의 법 가운데 서기 위해 철저히 훈련된 그들이야말로 예수님의 보좌에 함께 앉아 온 우주를 통치할 만한 사람들이 아닐까.

장자의 권리를 나누다

예수님은 장자였다. 육으로도 장자였고 영으로도 장자였다. 구약의 장자들을 보자. 그들은 장자의 권리를 잘 지키지 못했다. 에서가 그러했고 르우벤이 그러했으며 에브라임이 므낫세가 받아야 할 장자의 권리를 이어받았다. 그러나 예수님은 장자로 태어나 그분의 권리를 욕심에 팔아넘기지 않았다. 그분은 장자로서 십자가를 지셨고 장자된 자기 민족에게 똑같이 하라고 권고하셨다.

베드로가 거꾸로 십자가에 달려 죽었다. 스데반은 돌에 맞아 죽었다. 바울은 유대인과 싸우고 이방인과 싸우며 이방인들의 구원을 외치다 죽었다. 수많은 예수님의 제자된 유대인들이 목숨을 바쳐 장자의 권리를 함께 나눌 수 있다고 외쳤다.

장자는 처음 태어난 자가 권리를 가지지만 하나님이 원하시는 장자는 그 권리를 동생에게 나눌줄 아는 심성을 가진 사람이었다. 예수님 외에 아무도 그러한 장자의 역할을 완벽하게 한 사람은 없었다.

예수님의 이러한 행동을 따르는 장자 된 그들은 보좌에 앉았을 때 분명 이렇게 말할 것이다. 모든 것을 나와 함께 누리자, 이 모든 것이 주님의 것이고 우리 모든 이들의 것이라고.

보좌에 앉은 이들은 결국 예수님 따라쟁이가 될 것이기 때문이다. 이러한 왕들이 있는 나라는 얼마나 아름다운 나라가 될 것인가. 기꺼이 함께 나누며 백성을 위해줄 줄 아는 왕들의 나라. 그러한 세상. 그러한 세상을 예비하셨기에 하나님은 이런 엄청난 계획을 하신 것이리라 믿는다.

라오디게아 교회 사자의 상급을 받을 사람들이 과연 누가 될지는 알 수가 없다. 장자 된 이스라엘 민족 중 예수 그리스도께 기꺼이 모든 것을 던진 사도와 같은 자들일지 혹 그러한 자들의 권유로 함께 된 이방인들일지 우리는 알 수 없다.

중요한 건 서로가 서로를 사랑한다는 것이다. 형인 유대인과 아우인 이방인이 장자 된 예수 그리스도, 그 권리를 기꺼이 나누길 원하시는 그분 안에서 하나가 되는 나라. 이 사랑만이 하나가 되게 할 수 있다. 이 사랑을 이해하고 겸손히 자신의 면류관을 하나님 앞에 던지는 그들이야말로 영원한 세상을 하나님의 마음으로 통치할 수 있게 될 것이다.

예수님이 그들 안에, 그들이 예수 안에 거하는 이 놀라운 일들을 통해 우주가 돌아가고 창조가 계속되고 무한한 영광이 빛을 발하는 그때 모두가 환하게 웃을 수 있을 것이다.

가련하고 가난하고 곤고했고 벌거벗었고 눈이 어두워 보지 못했던 한 사람의 손을 이끌어 왕이 되게 하시는 하나님의 은혜와 예수 그리스도의 의로우심과 성령의 전능하신 도우심을 우리는 영원히 찬양하게 될 것이다. 그 나라에서.

10
Chapter

일곱교회

Revelation

1장

일곱교회 이야기

교회는 그의 몸이니 만물 안에서 만물을
충만케 하시는 자의 충만이니라 엡 1:23

요약

세상은 멸망을 향해 다가간다. 아니, 죽음을 향해 다가가고 있다. 죽었던 이들 중 예수님을 믿어 생명을 얻은 사람들을 부활하게 하시듯, 에스겔의 마른 뼈 골짜기에 있던 뼈들이 다시 살아나 군대가 되듯 하나님의 능력은 완전히 죽은 세상을 새로운 세상으로 부활시킬 준비를 하고 계신다.

이 과정에서 세상의 축을 담당하고 있는 존재가 바로 하나님의 교회다. 교회는 세상에서 그리 주목받는 것처럼 보이지 않는다. 그 영향력이 정치나 경제를 움직이는 집단이나 개인에 비해 약해 보일지 모른다.

그러나 보이지 않는 세계와 보이는 모든 세계를 하나님의 능력 아래서 하나님과 함께 움직이는 거대한 잠수함과 같은 존재가 바로 교회다.

그 때문에 일곱교회를 향한 예수님의 서신은 어쩌면 계시록 전체에서 가장 중요한 주님의 메시지일지도 모른다. 그 첫째 이유는 이제 있는 일과 속히 될 일이 이뤄질 세상에서 살아가는 교회에 속한 누구든 들어야할 말씀이기 때문이다.

만일 교회의 구성원이라고 말하면서도 주님이 말씀하신 이 서신의 이기는 방법에 귀 기울이지 않는다면 그는 주님의 나라에 속한 사람이 아니라고 해도 과언이 아니다.

둘째 이유로 이 서신은 교회의 구성원들에게만 들려줄 뿐 아니라 서신에서 말하는 승리를 통해 세상에 하나님의 존재와 그분의 이야기를 마음껏 하게 해주기 때문이다. 다윗을 통해 블레셋이 하나님을 알았고 이스라엘의 출애굽을 통해 이방에 하나님의 이름이 알려지고 열두 사도들의 죽음을 통해 온 세상이 변화되었듯 말이다.

또한 이 두 번째 이유는 땅끝까지 복음을 전하라는 예수님의 마지막 명령과 통하는 것이기도 하다.

이뿐만이 아니다. 하나님은 교회를 통해 세상을 움직이신다. 선지자들의 말과 사도들의 예언을 통해 제국의 흥망성쇠가 미리 나타났고 그에 따라 그대로 이뤄졌던 것을 보면 우리는 이 부분에 대하여 인정하지 않을 수가 없다.

지금도 하나님은 그분의 사람들을 통해 많은 것들을 움직이시고 변화시키신다. 아직 세상이 멸망하지 않는 건 오직 더 많은 이들을 더 많은 구원에 이르게 하시기 위해서다.

그럼에도 분명한 것은 우리가 각 일곱 교회에 주신 예수님의 단호하고 명확한 양날의 검과 같은 말씀을 새기고 우리의 가슴 속에 담아 둘때 세상을 이기고 더 나아가 하나님의 심판을 이긴다는 사실이다.

아니, 그 가슴 속의 말씀이 우리의 삶 속에서 실제로 살아 움직여 역동할 때 이긴다는 것을 기억해야 한다. 이 이김을 통해 우리의 영혼을 구원할 뿐 아니라 우리가 상상하지 못했던 수많은 구원이 일어날 것을 믿는다.

하나님은 세상을 이처럼 사랑하시기 때문에 예수님을 우리에게 주셨고 우리를 그분의 자녀가 되게 하셔서 교회를 승리하게 하셨다.

그분의 사랑은 한 사람의 변화와 순종을 통해 엄청난 일을 하신다. 멸망할 세상, 지옥과 같은 세상으로 점점 치달을지라도 진짜 지옥에 비하면 아무것도 아니기에, 이 세상이 아무리 천국 같아 보여도 진짜 천국에 비하면 비할 바가 아니기에, 성도들 안에서 일어나는 놀라운 일들을 통해 진짜 세상을 비춰주시는 것이다.

영원한 나라로 가게 하기 위한 하나님의 전략이 이 일곱 서신에 숨어 있다. 무려 2000년이나 됐지만, 이 편지는 모든 시대, 모든 교회에 적용될 수 있는 능력이 있다.

마찬가지로 지금과 같이 악한 세대에서 살아가는 이 세대의 교회에서도 그분의 말씀은 살아 운동력이 있어 우리의 영혼을 살리고 교회를 살린다고 믿는다.

나는 지금까지 썼던 서신의 내용을 요약해 보려 한다. 혹 시간이 없어 읽지 못한 이들을 위해 이것만이라도 보기를 권한다.

1. 에베소

- 뜻: 인내

- 예수님의 모습: 오른손에 일곱별을 붙잡고 일곱 금 촛대 사이를 다니심.

- 예수님이 아시는 것: 행위, 수고, 인내, 악한 자들을 용납하지 아니함, 자칭 사도라 하는 거짓말하는 자들을 가려냄, 참고, 견디고, 게으르지 아니함, **니골라 당의 행위를 미워함.**

- 대적하시는 것: 첫사랑을 잃어버림(따라서 니골라 당의 행위를 미워하는 그의 행위 외에는 앞의 9가지 행위들이 의미가 없어짐).

- 예수님의 명령: 처음 행위를 가지라, 회개하라.

- 명령을 이행하지 않았을 경우: 촛대를 옮길 것.

- 에베소 교회를 대적하고 있던 사단의 세력: 거짓 사도, 니골라 당.

- 이긴 후 상급: 생명 나무의 실과를 먹게 함.

- 특이점: '귀 있는 자는' 구절이 상급 **이전**에 나타남, οιδα가 소문자로 기록되어 있음(모든 교회들을 향한 중요한 보편적 메시지라는 뜻) → 인내와 첫사랑의 회복을 말씀하심, 모든 교회에 대한 권한이 주께 있음을 보여줌.

2. 서머나

- 뜻: 몰약.

- 예수님의 모습: 처음이요 나중이요 죽었다가 살아나신 이.

- 예수님이 아시는 것: 사자의 환난, 궁핍을 아심, 그러나 그의 부요한 실상을 아심, 자칭 유대인의 훼방.
- 예수님의 예언: 장차 고난이 올 것이다, 너희 가운데 마귀 된 자가 너희 중 몇 사람을 옥에 던질 것이다, 십 일 동안 환난을 받을 것이다.
- 예수님의 명령: 죽도록 충성하라(사자에게).
- 서머나 교회를 대적하고 있는 사단의 세력: 사단의 회(거짓 유대인), 교회 안에 있는 마귀된 자들.
- 이긴 후 상급: 사자에게는 생명의 면류관을 허락하심, 서머나 교회에 속한 성도들에게는 둘째 사망의 해를 받지 않음.
- 특이점: '귀 있는 자들' 구절이 상급 이전에 나타남(서머나 교회 사자에게만 주어지는 생명의 면류관 상급 이 후에 구절이 나타남), 예수님이 보시는 실상은 우리가 보는 것과 전혀 다름(환난, 궁핍→부요함, 유대인→사단의 회). 서머나 교회 사자의 고난이 예수님의 고난과 비슷함(유대인들에게 핍박을 받고, 동료에 의해 감옥에 넘겨져 죽음을 당함, 가난하게 살아감).

3. 버가모

- 뜻: 높은 성, 높은 지대, 망대.
- 예수님의 모습: 좌우에 날 선 검을 가지신 이.
- 예수님이 아시는 것: 사자가 있는 곳이 사단의 위가 있는 곳임, 안디바

가 죽임을 당할 때 그 이름을 져버리지 아니 함.

- 예수님이 대적하시는 것: 발람의 교훈을 지키는 자들이 있음, 니골라당의 교훈을 지키는 자들이 있음.
- 예수님의 명령: 회개하라.
- 명령을 이행하지 않을 경우: 예수님이 사자에게 속히 임하여 예수님의 입의 검으로 그들(니골라당의 교훈을 지키는 자들)과 싸우심.
- 버가모 교회를 대적하고 있는 사단의 세력: 사단의 위, 니골라 당의 교훈을 지키는 자들.
- 이긴 후 상급: 감추었던 만나를 주고 새 이름을 기록한 흰 돌을 줌.
- 특이점: '귀 있는 자는' 구절이 상급 **이전**에 나타남, 예수님이 대적하시는 세력이 미미할지라도 위험함, 그리스도만 취하고 모든 것을 버리는(안디바) 믿음이 요구됨, 비느하스와 같은 결단이 요구됨, 말씀의 능력이 있는 종(좌우에 날 선 검을 가지신 예수님의 모습과 감추었던 만나 -하나님의 비밀스러운 말씀의 계시-, 새 이름을 기록한 흰 돌- 감추인 진리를 볼 수 있는 비밀번호와 같은 것, 혹은 시민권 같은 것-을 볼 때).

1. 에베소, 2. 서머나, 3. 버가모 교회 사자에게 보내는 서신의 공통점은 '귀 있는 자들은 교회들이 성령에게 하시는 말씀을 들을지어다'라는 구절이 이기는 자의 상급 앞에 와 있다는 것이다.

이것은 이기는 자가 상급을 얻고 난 후 그 상급을 또다시 얻기 위해 성령의 음성을 더 들을 필요가 없기 때문이다.

예외적으로 서머나 교회의 생명의 면류관은 이 구절의 앞에 나온다. 이 상급은 서머나 교회 전체를 향한 상급이 아닌 서머나 교회 사자에게만 국한되는 상급이다.

이 상급이 구절의 앞에 나오는 이유는 그가 면류관을 얻고 난 후에도 통치를 위해 여전히 성령의 음성을 듣는 일이 필요하기 때문이다.

우리는 여기서 매우 중요한 영적인 사실 하나를 확인할 수 있다. 그것은 단발적 상급 즉, 생명 나무의 과실을 먹는 일, 둘째 사망의 해를 받지 않는 일, 하늘의 시민권 격인 흰 돌을 얻거나 감추어진 만나를 볼 수 있는 자격증을 얻는 것은 오직 우리가 살아 숨쉴 때 성령의 음성을 듣고 이길 때 얻을 수 있다는 것이다. 이 자격들은 천국에 들어가 입성하는 단발적인 사건과도 직결된다.

죽음을 거칠 수 있는 시점은 단 한 번뿐이며 따라서 그 죽음 후에 우리가 지옥으로 갈지 천국으로 갈지 결정될 수 있는 기회도 살아 숨 쉬고 있을 때 단 한 번뿐이다.

오직 살아있을 때 성령의 음성을 듣는 자들만이 죽어 천국에 들어갈 수 있게 되며 또한 천국에서 성령의 음성을 듣는 일을 여전히 자연스럽게 할 수 있을 것이다.

4. 두아디라

- 뜻: 희생, 희생 제물.
- 예수님의 모습: 그 눈이 불꽃 같고 그 발이 빛난 주석과 같은 하나님의 아들.
- 예수님이 아시는 것: 사업, 사랑, 믿음, 섬김, 인내, 사자의 나중 행위가 처음 것보다 많음.
- 예수님이 대적하시는 것: 자칭 선지자인 이세벨을 내버려 둠(이세벨의 행위 → 예수님의 종들을 가르쳐 행음하게 하고 우상의 제물을 먹게 함, 영적으로 간음하게 함, 예수님이 그녀에게 회개할 기회를 주었지만 회개치 않음).
- 예수님의 예언: 예수님이 이세벨의 능력을 잠재우실 것임, 그의 종들도 만일 회개치 아니하면 큰 환난에 던질 것임, 사망으로 이세벨의 자녀를 죽일 것임(이 일로 인해 일어나는 교회 안의 열매 → 모든 교회가 예수님은 사람의 뜻과 마음을 살피는 분이신 줄 알게 됨).
- 예수님의 명령: 두아디라에 남아 있어 이 교훈을 받지 아니하고 소위 사탄의 깊은 것을 알지 못하는 자들이 여전히 사탄의 깊은 교훈을 알지 않기를 원하심, 예수님이 올 때까지 그들의 마음을 굳게 지키길 원하심.
- 두아디라 교회를 대적하는 사단의 세력: 이세벨과 그의 종들.
- 이기고 끝까지 주님의 일을 지킨 후 상급: 만국을 다스리는 권세(예수님이

아버지께 철창을 가지고 그들을 다스려 질그릇 깨뜨리는 것과 같이 권세를 받으신 것처럼)를 받음, 새벽 별(하나님의 나라의 깃발이나 이념 같은 것)을 줄 것임.

- 특이점: '귀 있는 자들' 구절이 상급 이후에 나타남, 두아디라라는 단어가 복수임 -이는 서울이나 뉴욕과 같은 여러 나라의 도시적인 특징을 가지고 있는 바벨론적 실제 성읍을 뜻한다.

여기까지가 2장의 내용이다. 특이한 점은 2장에 등장한 앞의 세 교회-에베소, 서머나, 버가모는 '귀 있는 자들'의 구절이 상급 이전에 등장하지만, 예수님은 2장 안에 구절이 상급 이후에 등장하는 두아디라 교회 서신까지 포함 시키셨다. 앞의 세 개의 교회가 한 묶음이 되지만 2장 자체로는 네 개의 교회가 한 묶음이 되기도 하는 것이다.

또 '귀 있는 자들'의 구절이 상급 이후에 나오는 교회는 네 교회로 두아디라, 사데, 빌라델비아, 라오디게아의 교회들이 한 묶음이 될 수 있다. 그러나 3장의 교회는 세 개의 교회로 한 묶음이 된다. 이것은 하나님과 교회가 3+4, 4+3으로 완전한(7) 하나가 되는 상징적인 의미라고 볼 수 있다.

물론 이것은 나의 개인적인 견해에 불과하고 그리 중요하지도 않으므로 크게 담아두지 않기를 바란다. 어찌 됐든 두아디라는 이런 관점에서 볼 때 2장과 3장의 연결고리와 같다고 할 수 있다. 또 어떤 부분에서 두아디라 교회에 보내는 서신은 일곱 서신에서 가장 중요한 메시지를 담고 있다.

> … 모든 교회가 나는 사람의 뜻과 마음을 살피는 자인 줄 알지라 내가 너희 각 사람의 행위대로 갚아 주리라(계 2:23)

예수님의 이 말씀은 양날의 검과 같다. 하나는 이신칭의 즉, 믿음으로 의로움을 얻는다는 이 복음의 핵심이 여기 있다는 것이다. 사람의 마음과 뜻이 예수님을 믿는 믿음과 결부될 때 그는 예수 그리스도의 의로움을 얻는다. 이것이 검의 한 날이다.

그러나 여기에서 그치면 안 된다. 이러한 뜻과 마음을 기반으로 나타난 '행위'가 그리스도인들의 삶에서 실제로 행해져야 한다. 이것이 검의 다른 날이라고 할 수 있다.

이 행위가 예수님의 눈에 상급으로 보이려면 반드시 행위의 마음과 뜻이 예수님의 의와 결부되어야만 한다. 사람의 의지가 예수님의 성령의 뜻에 완전히 하나가 되는 행위가 탄생하기 위해서는 반드시 우리의 마음과 뜻이 믿음과 결부되어야만 하는 것이다.

이러한 복음의 완전체가 어쩌면 왜 두아디라 교회 서신이 다른 여섯 교회와의 연결고리로 서 있는지를 보여주는 상징적인 그림일지도 모른다.

우리가 하나님의 은혜 안에 온전히 머물러 그분의 도우심만을 바라보아야 하면서도 우리는 우리의 온전한 뜻과 의지를 주님께 내어드리는 실제적인 선택을 해야만 한다.

믿음으로 말미암아 구원을 얻는다는 주님의 말씀은 어린아이도 알아들을 만큼 매우 쉬운 말이기도 하지만 이 믿음을 매일 지키며 생활 속에서 나타내는 것만큼 어려운 것이 없기도 하다.

일곱교회에 보내는 예수님의 서신에는 이러한 검의 두 양날 같은 예수님의 의도가 전반적으로 녹아있다. 우리가 의를 행할 수 있도록 능력을 주시는 온전한 능력의 주체는 예수님이시고 그것을 믿음으로 구원을 얻어 천국에 들어갈 때 내가 아무것도 한 일이 없다는 것을 고백해야만 한다.

하지만 주님은 그 믿음이 어떠한 열매를 맺었는지를 보기도 하신다. 우리의 삶에서 얼마나 산 믿음으로 산제사를 드렸는지 보시고 판단하시겠다는 것이다.

왜 이러한가. 우리가 어차피 하나님의 은혜로만 천국에 들어갈 것이라면 행위는 왜 필요한 것인가. 답은 간단하다. 하나님은 일을 이루시기 위해 우리를 쓰시는 것이 아니다. 하나님은 돌들을 통해서도 그분의 일을 얼마든지 하실 수 있다.

하나님은 다만 이 일을 통해 우리와 사랑의 교제를 하기 원하신다. 일은 하나의 핑계거리다. 천국에 들어오는 자가 하나님의 사랑과 은혜를 그저 이용하는 것인지 아니면 진심으로 받아들이는 것인지를 알아보는 과정이 우리가 하나님의 일을 하는 과정에 있는 것뿐이다.

또한, 이 일은 우리가 영원한 나라에서 받게 될 하나님의 선물을 위한 핑계 거리가 되기도 할 것이다. 하나님은 우리에게 더 아름다운 것을 선물하시기 위해 일을 만들어내신다. 일을 시키기 위해 우리를 부르신 것이 아니라 보수를 주시기 위해 우리를 부르신 것이다. 그렇다고 하나님이 우리를 통해 하시는 일이 그저 상급이나 얻자고 하는 장난은 아닐 것이다.

하나님은 믿음의 사람들을 통해 위대한 일을 하신다. 우리는 역사 속에서 또 성경안에서 그렇게 위대하게 하나님의 일을 한 사람들의 이름들을 확인할 수 있다. 다니엘, 요셉, 느헤미야 등 그 인물들은 셀 수 없이 많다. 이런 믿음의 사람들을 통해 우리는 중요한 사실 한 가지를 확인할 수 있다. 그들은 모두 하나님이 이 모든 일을 행하셨다는 것을 깨닫고 또 고백했다는 점이다. 그들은 하나님의 음성을 들었고 또 순종했기에 위대한 일을 할 수 있었노라고 고백한다.

하나님의 일을 한다는 것은 전적인 하나님의 은혜로 하는 것인 동시에 모든 것을 걸고 그 은혜에 반응한다는 것이다. 이것을 우리는 믿음이라

고 부른다. 하나님의 은혜만 믿고 아무것도 하지 않는 것이 아니라 모든 것을 걸고 믿어야 하는 진리가 복음이다. 믿음은 말이 아니라 행위로 나타나야만 진짜 믿음이라는 것을 하나님은 성경의 수없이 많은 인물들을 통해 증명하셨다.

이러한 복음의 양날 때문에 주님은 니골라 당의 교훈, 이세벨의 교훈, 발람의 교훈 같은 가르침과 사상을 대적하신다. 한없는 하나님의 은혜가 오해되거나 값없이 취급받는 것을 미워하신다.

하나님의 은혜를 받은 자가 구원의 은혜를 믿고 방탕함과 이중적인 자세로 세상을 살아가는 것을 원하지 않는 것이다. 이는 하나님을 사랑하고 믿는 마음의 중심을 가진 자가 할 수 있는 일이 아니다.

보석을 받은 자가 그 보석을 귀하게 여기기를 간절히 바라시는 마음이 바로 '사람의 마음과 뜻을 살펴 그가 행한 데로 갚아주시겠다'는 주님 말씀의 본질이라는 것을 알 수 있다.

이러한 예수 그리스도의 복음은 하나님은 하나님으로, 성도는 성도로서의 개성을 명확하게 가지고 있으나 완전한 연합체가 되게 한다. 이것이야말로 일곱 교회에 주신 서신이 기록된 본질이 아닐까 한다.

5. 사데

• 뜻: 남은 물건.
• 예수님의 모습: 일곱 영과 일곱별을 가지신 이.

- 예수님이 아시는 것: 살았다 하는 이름은 가졌으나(유명-有名, 인기를 얻고 명성을 얻는 행위) 죽은 자, 하나님 앞에 행위의 온전한 것을 찾지 못하였음, 사데에 그 옷을 더럽히지 않은 자 몇 명이 그에게 있음.
- 예수님의 **명령**: 어떻게 받았고 어떻게 들었는지 생각하라, 지키라, 회개하라, 일깨라, 그 남은바 죽게 된 것(죽게 된 이름-그 옷을 더럽히지 아니한 몇 명의 이름)을 굳게하라.
- 예수님의 **예언**: 명령을 지키지 않으면 주님이 도둑같이 이를 것, 어느 때에 주님이 이를지 알지 못할 것(세상이 알지 못하는 것과 같음), 옷을 더럽히지 아니한 합당한 자들 몇 명은 예수님과 함께 흰 옷을 입고 다닐 것.
- 이기는 자의 **상급**: 흰옷을 입을 것, 그 이름을 생명책에서 결코 지우지 않을 것, 아버지 앞과 천사들 앞에서 시인할 것.
- **특이점**: '귀 있는 자들' 구절이 상급 **이후에 등장, 사데라는 단어가 복수임**(두아디라가 보이는 바벨론 성읍들을 대표한다면 사데는 보이지 않는 바벨론 즉, 어느 나라나 민족에게 있는 유명한 자들-정치인, 경제인, 문화인, 종교인들의 상위 경계를 의미한다. 이러한 상위 경계를 통해 제국은 자신의 명맥을 유지하는 것이 용이해진다. 따라서 이렇게 보이지 않는 지대의 영적 세력이 비슷할 수밖에 없고 사데 교회는 이러한 지대에 세워진 교회라고 할 수 있다), 유명한 자들은 모든 명예자들, 부한 자들, 큰 권력자들, 문화인들, 왕들이나 심지어 종교인들도 포함된다. 사데 교회 사

자는 이곳에 파송되었지만, 그 자신도 유명한 행위에 취해 있었다.

사데 교회에는 자신의 행위를 더럽히고자 하지 않는 적은 무리들(무리가 적다는 것을 뜻하기도 하고 명성이 크지 않은 자들을 뜻하기도 하는 것 같다)이 있었다. 예수님은 사데 교회 사자가 깨어나 그런 적은 이름들을 이끌기를 원하셨다.

사데의 상급은 우리가 거룩한 나라에서 어떻게 생활할 것인가에 대해 보여준다. 흰옷을 입는 것이 단발적인 사건일 것 같지만 실은 옳은 행위를 입는 것이 날마다 이루어지는 천국의 일상이다.

천국에서 거룩한 행위로 옷을 입는 행위는 마치 이를 닦는 것이 당연한 것처럼 모든 거룩한 일상이 당연하게 이뤄진다. 따라서 이러한 행위에는 성령의 음성을 듣는 것이 필수적이다.

그 이름을 생명책에서 지우지 않는 것 또한 그 이름이 흐려지거나 흐려지지 않게 만드는 우리의 행위와 연관되므로 이것도 우리의 일상과 연관된다. 아버지 앞과 천사들 앞에서 우리들의 이름을 시인하신다는 것도 무명하였던 자들이 하늘에서는 언제나 유명하게 되는 일이 항상 있을 것을 보여준다.

이 모든 상급은 반드시 천국에 가서도 성령의 음성을 들어야만 이뤄지는 일이다.

우리가 훗날 영원한 나라에서 행할 거룩한 일상을 소개하는 구절이 있다면 그곳은 바로 사데 교회 사자가 이겼을 때 얻는 상급에 관한 구절이라고 할 수 있을 것이다.

6. 빌라델비아

- 뜻: 형제 사랑.
- 예수님의 모습: 거룩하고 진실 하사 다윗의 열쇠를 가지신 이, 곧 열면 닫을 자가 없고 닫으면 열 사람이 없는 그이.
- 예수님이 아시는 것: 사자의 적은 능력, 그를 대적하는 거짓말하는 유대인들의 세력, 사자가 예수님의 인내의 말씀을 지킨 것, 사자의 면류관이 사자에게 있음, 사자 앞에 열린 문이 있음.
- 예수님의 예언: 자칭 유대인들이 사자의 발 앞에서 절하게 하고 예수님이 사자를 사랑하심을 알게 할 것임, 시험의 때(장차 온 세상에 임하여 땅에 거하는 자들을 시험함)를 면하게 하실 것임, 속히 임하실 것임.
- 예수님의 명령: 네가 가진 것을 굳게 잡아 아무나 네 면류관을 빼앗지 못하게 하라.
- 빌라델비아 교회 사자를 대적하는 세력: 거짓말하는 유대인.
- 이기는 자의 상급: 하나님 성전에 기둥이 되게 하실 것임, 그가 결코 다시는 나가지 않을 것, 하나님의 이름과 하나님의 성 곧 하늘에서 하나님께 내려오는 새 예루살렘의 이름과 예수님의 새 이름을 그이 위에 기록할 것임.

- **특이점:** '귀 있는 자들'의 구절이 상급 **이후**에 나타남, 빌라델비아 교회 사자가 적은 능력의 소유자임, 예수님이 그를 인내하심('나의 인내'는 곧 예수님의 인내를 의미한다. 인내의 소유격이 예수님이므로 인내는 전적으로 예수님이 사자를 위하여 행하신 인내를 의미한다고 볼 수 있다), 사자의 상황은 매우 열악하다(현재 그의 상황- 유대인들의 핍박과 거짓, 열린 문이 그 앞에 있으나 그는 보지 못함, 앞으로 큰 시험과 환난의 때가 올 것, 이기는 자의 상급으로 보았을 때 그는 주님의 영역에서 한 번 나갔다가 들어온 사람. 능력이 적은 자라는 것은 그만큼 자신의 사명을 이루기에 연약했다는 뜻이다. 만일 그렇지 않았다면 예수님은 '다시'라는 말을 사용하시지 않았을 것이다. 또한, 예수님은 그분의 인내에 대하여 말할 필요도 없었을 것이다. 그는 연약하고 사명을 잘 감당하지는 못하였으나 그럼에도 그 중심에 예수님을 소유하고 있었음을 알 수 있다).

7. 라오디게아

- **뜻:** 의인.
- **예수님의 모습:** 아멘이시요 충성되고 참된 증인이시요 하나님의 창조의 근본이신 이.
- **예수님이 아시는 것:** 그의 행위 -차지도(하나님의 뜻 곧 목표점을 아는 것) 아니하고 덥지도(하나님이 주신 사명을 향해 열심을 다하여 가는 것) 아니한 그의 태도, 사자가 '나는 더 이상 부하게 할 수 없을 만큼의 부

자다'라고 스스로 생각하는 것을 알고 계심, 그의 가련함, 곤고함, 가난함, 벌거벗음, 눈 멈.

- 예수님의 예언: 계속 미지근하면 내가 토하여 내치리라, 내가 문밖에 서서 두드리노니 누구든지 내 음성을 듣고 문을 열면 내가 그에게로 들어가 그로 더불어 먹고 그는 나로 더불어 먹으리라.

- 예수님의 명령 및 권유: 내게서 불로 연단한 금을 사서 부요하게 하라, 흰옷을 사서 입어 벌거벗을 수치를 보이지 않게 하라, 안약을 사서 눈에 발라 보게 하라, 열심을 내라, 회개하라.

- 이기는 자의 상급: 내가 내 보좌에 앉게 하여주기를 내가 이기고 아버지 보좌에 함께 앉은 것과 같이하리라.

- 특이점: '귀 있는 자들'의 구절이 상급 이후에 등장, 예수님의 모습이 비유적인 표현보다는 직접적인 형용사로 표현된 경우가 많음 – 이 중 특히 아멘은 마지막 때에 서 계신 예수님의 사역을 라오디게아 교회가 함께 감당해야 한다는 것을 의미함, 예수님이 언급하신 부자의 첫 알파벳이 대문자로 기록됨 – 이것은 그(라오디게아 사자)가 생각하길 세상의 어떠한 부자도 자신보다 더 부자일 수 없다는 자만과 교만을 상징한다.

이는 곧 하나님의 의와 부합보다 자신의 의와 부합이 더 크다는 생각에서 비롯됨, 상급의 크기로 보나 그의 생각으로 보나 많은 것을 하나님께로부터 받은 사람임 – 바리새인, 욥, 이스라엘 민족과 같이 자신이 스스로 의롭다고 생각하는 모든 이들을 의미, 예수님의 어조가 명령보다는 권유의 성격이 강함(사서, 권유하노니, 필레오, 내가 문밖에서 두드리노니).

빌라델비아 교회 사자와 라오디게아 교회 사자의 모습은 극명하게 비교된다. 빌라델비아는 적은 능력의 소유자인 반면 라오디게아 교회 사자는 많은 능력을 소유한 사람이다.

빌라델비아 교회 사자는 예수님이 적은 능력의 소유자라고 말씀하셨음에도 받아들일 수 있는 겸손의 사람이었지만 라오디게아 교회 사자는 스스로 생각하기를 하나님보다 더 많은 부를 지닌 사람이라고 생각할 만큼 교만한 사람이었다.

그러나 예수님은 빌라델비아 교회 사자에게 요구하시는 믿음보다 더 큰 믿음을 라오디게아 교회 사자에게 요구하고 계신다. 적게 받은 자에겐 적은 것을 요구하시고 많이 받은 자에게는 많은 것을 요구하신다는 주님의 말씀과 같다.

빌라델비아 교회 사자는 믿음의 중심에서는 벗어나지 않았으나 주님의 사역의 현장에서 한 번 벗어난 듯하다. 이 때문에 그의 상급 중 하나로 네가 결코 하나님의 성전에서 '다시' 나가지 않게 성전의 기둥이 되게하리라고 약속하신다.

그러나 그는 세리와 창기와 같이 마음의 중심에서부터 하나님을 인정하고 자신의 연약함을 내어드리는 믿음을 보였다. 반면 라오디게아 교회 사자는 자신의 사역과 사명에서는 한 번도 벗어난 적이 없었으나 그 중심은 바리새인들처럼 늘 교만했다. 주님보다는 자신의 의와 부를 믿었다.

이는 이방인과 유대인으로 비교되는 것 같기도 하다. 율법에서 이방인은 결코 하나님의 회중에 들어올 수 없는 부정한 존재였으나 이제 예수 그리스도의 은혜로 말미암아 이면적 유대인이 되는 특권을 얻었다. 하나님의 선민이라고 믿었던 유대인과는 달리 하나님 앞에 자신의 죄인 됨을 인정하고 십자가 앞에 거리낌 없이 나아갈 수 있었다.

이방인은 비록 유대인들처럼 말씀의 풍부함 가운데 거할 수 없었으나 그 마음만큼은 하나님이 인정하시는 겸손함 가운데 있을 수 있었다. 그들은 적게 받은 자들이었고 차자였고 그저 접붙임을 받은 자들이었기 때문이다.

그러나 유대인들의 교만함과 그들의 자고함으로 말미암아 주님은 시기 나게 하시기까지 이방인들의 때를 허락하셨다. 그 때문에 하나님의 능력과 은혜가 이방인들 위에 엄청나게 부어질 수 있었다.

그럼에도 하나님은 많이 받은 유대인들을 문밖에 서서 기다리고 계신다. 그들의 가난함이 이방인에게 부요함을 끼쳤다면 그들의 부요함은 더 많은 것을 가져다줄 것이라는 사도 바울의 말처럼 하나님은 유대인들 스스로가 그들이 받은 부요함을 하나님께 드리길 원하신다.

그들이 많은 것들을 받은 사람들인 만큼 많은 것들을 이겼을 때 그들은 하나님이 통치하시는 모든 세계를 통치하는 권세를 얻게 될 것이다.

또한 라오디게아 교회 사자를 향한 말씀은 말씀도 은혜도 풍부한 마지막 시대를 향한 하나님의 말씀이기도 하다. 지금의 시대처럼 부하고 말씀도 거리낌 없이 전할 수 있고 창세기부터 요한 계시록까지 하나님이 주시는 역사 전반의 말씀을 완전히 알 수 있었던 때는 여태껏 존재하지 않았다.

하나님은 이 마지막 시대에 부어주신 말씀의 부함과 성령의 풍부함을 통해 마지막 시대의 마지막을 정리하게 하시는 특별한 사명을 라오디게아 교회 사자와 교회에게 주신 것이리라 믿는다.

빌라델비아 교회와 라오디게아 교회를 향한 하나님의 말씀은 어쩌면 마지막 시대 곧 주님이 문 앞에 이른 시대에 존재하는 이방인과 유대인들이 연합하여 그들이 받은 만큼의 달란트로 주님을 섬기며 마지막을 준비하라는 주님의 말씀인지도 모르겠다.

Revelation

2장
전반적 그림

여호와께서 모세에게 이르시되 너는 어찌하여
내게 부르짖느뇨 이스라엘 자손을 명하여
앞으로 나가게 하고

출 14:15

일단 서론에 대강 설명했던 대로 일곱 교회뿐 아니라 예수 그리스도의 많은 교회들이 당시 도미티아누스 황제의 박해 아래 있었다. 요한은 그 때문에 밧모섬에서 유배를 당하고 있었고 교회의 수장이었던 그의 부재로 인해 교회는 혼란과 위기에 처하게 된다. 그들의 믿음이 흔들리게 된 것이다.

이 상황에서 예수님은 교회를 이끌고 있던 지도자인 요한에게 앞으로 일어날 그리고 지금 일어나고 있는 영적인 실체를 보여주신다. 이 내용이 바로 요한계시록이다.

계시록은 한 마디로 예수 그리스도다. 예수 그리스도에 의한 예수 그리스도에 관한 예수 그리스도에게 속한 계시를 적어 놓은 기록이다. 말세에 나타나신 그분이, 말세에 나타날 많은 일들 가운데 계신 예수님이 과연 누구이신가를 기록한 책이다.

또한 예수님과 하나님과 성도들을 대적하는 세력이 과연 어떠한 세력인지를 확실히 보여주는 전략적 책이 요한계시록이라고 할 수 있다. 적을 알고 나를 알아야 백전백승이라고 하던가.

예수님은 먼저 교회가 가지고 있는 실체를 계시하신다. 그리고 악한 영적인 실체가 무엇인지를 계시하신다. 그 이유는 오로지 우리를 이기게 하기 위해서다. 승리하게 하시기 위해서다.

그러나 세상의 전략보다 한술 더 뜨는 하나님만의 전략이 있다면 그것은 오로지 예수님이 교회와 함께하시며 끝날까지 교회 안에 계신다는 사실이다. 하늘의 일이 어찌 되는지 그리고 그 하늘의 일이 땅에 어찌 영향을 미치는지, 거기에 더해 마지막의 승리가 어떻게 하나님과 예수님과 하늘의 성도들에게 돌아가는지까지 이 책은 보여주고 있다.

이것은 사실상 전략이라기보다 이미 다 이긴 게임을 미리 보여주는 것과 같다. 야구 경기 구회 말에 다 이겼다고 알고 있던 게임을 재방송으로 보는 것과 같은 이치이다.

그런 의미에서 여기 일곱 교회의 서신에 등장하는 많은 요소들은 우리가 이미 알고 있는 미래를 현재 살아내기 위한 방법이라고 해두면 좋을 것이다. 그럼에도 이 방법으로 현재를 살아내기 위해서는 반드시 믿음이 필요하다.

이 계시가 사실이요 진짜 일어날 미래라고 믿어야만 하는 것이다. 예수님이 요한을 통하여 말씀하신 하늘의 일들과 미래의 일들과 지금 교회에게 명령하시는 것이 사실이라고 믿어야만 가슴을 쓸어내리며 그 명에 따를 수 있는 것이다.

　모세가 백성에게 이르되 너희는 두려워 말고 가만히 서서 여호와께서 오늘날 너희를 위하여 행하시는 구원을 보라 너희가 오늘 본 애굽 사람을 또 다시는 영원히 보지 못하리라. 여호와께서 너희를 위하여 싸우시리니 너희는 가만히 있을지니라. 여호와께서 모세에게 이르시되 너는 어찌하여 내게 부르짖느뇨 이스라엘 자손을 명하여 앞으로 나아가게 하고(출 14:13~15)

　이 유명한 사건이 일어나고 몇천 년이 지난 지금 우리는 이 구절 이후에 일어날 승리가 무엇인지 알고 있다. 아무리 바로의 군대가 뒤를 막고 앞에는 거대한 붉은 바다가 가로막고 있어도 이스라엘 백성은 죽지 않고 전부 살았다는 것을 알고 있다. 위 구절에 나온 하나님의 말씀은 모든 것을 미리 내다보신 '이긴 게임'을 서술하신 것이나 다름 없다.
　그럼에도 이스라엘 백성은 그들의 '현 상황'에서 믿음이 필요했다. 가만히 서서 있을 수 없는 상황에도 "가만히 서 있으라"는 하나님의 말씀을 믿어야 했다. 앞으로 나아갈 수 없는 상황처럼 보여도 그들은 믿고 나아가야 했다. 그들의 눈에 모세의 말보다 바로의 군대와 홍해가 더 커보여도 그들은 말씀을 믿고 행해야 했다.
　눈앞에선 바닷물이 갈라지고, 불기둥과 구름기둥이 내려오는 엄청난 순간에 양 옆은 바닷물 벽이요 뒤는 애굽의 군대라는 사실에 두려웠을 것이다. 이 순간들이 아름다운 하나님의 기적과 역사의 순간이라는 것을 아는 자들은 오직 완전하게 하나님을 믿는 자들뿐일 것이다.

또한 이렇게 믿는 자들만이 하나님의 말씀하시는 정확한 '타이밍'에 정확히 순종할 수 있을 것이다. 가만히 서서 보라는데 앞으로 나아간다거나 앞으로 나아가야 하는데 가만히 서 있다면 그것처럼 어리석은 행동은 없을 것이다. 정확한 때에 정확히 순종하지 않는 사람들은 오직 바로의 군대들뿐이었다.

마찬가지다. 당시 아시아의 일곱교회도 진퇴양난이었다. 예수님을 믿는 믿음을 지키자니 죽음이 앞에 기다리고 있다. 그렇다고 로마의 법에 순응하여 우상 숭배를 할 수는 없는 노릇이었다.

이러한 상황에서 계시록은 그들에게 마치 출애굽기 14장의 그림과 같이 하나님의 말씀으로 명령하고 있다. 이미 다 이긴 게임이다. 그러니 가만히 서서 하나님의 구원을 확인하라. 그리고 나아가라.

일곱교회의 서신은 이렇게 모세와 하나님이 명령한 가만히 서서 보라는 말씀과 앞으로 나가게 하라는 하나님의 또 다른 버전이다. 다만 이러한 명령은 각 교회가 처한 상황에 맞춘 예수님의 치밀하고도 영리한 전략이다.

이 명령은 단순히 상황을 이기기 위한 전략이 아니라 우리의 삶 깊숙

한 곳까지 침투하여 우리의 영혼을 바꾸고 생각을 바꾸는 전략이다. 이 김은 상황의 변화가 아니라 내 영혼의 변화에서부터 오는 것임을 알게 하시는 것이다.

다시 말하지만, 예수님의 전략이 보여주는 전반적인 그림은 출애굽기의 홍해 사건과 비슷하다. 이미 이긴 게임을 그려보고자 하는 것이다.

그러나 게임을 이겼다 해서 아무것도 하지 않는 멍청이는 없길 바란다. 이긴 게임을 우리는 보고 있는 것이 아니라 직접 치러야 하는 선수이기 때문이다.

야구 선수라면 볼을 던지거나 방망이를 휘둘러야 하고 축구 선수라면 발로 공을 차야 한다. 그리고 어떠한 전략으로 공을 차고 방망이를 휘둘러야 이기는지 안다면 더더욱 그에 따라야 할 것이다.

이것이 믿음이다.

교회의 적들

교회의 배경은 도미티아누스 황제의 박해와 당시의 문화적 유혹이다. 이는 우리가 사는 세상을 의미한다. 사실상 지금도 우리는 도미티아누스 황제와 같은 많은 세력으로부터 위협을 당하고 있다. 이로 말미암아 우리가 흔들릴 때가 얼마나 많은가.

이슬람권 문화나 공산권 사회 같은 경우는 목숨을 걸어야 한다. 북한, 중국은 예수님을 믿거나 성경을 가지고만 있어도 수용소에 갇혀 인간 이하의 취급을 받고 고문을 당한다.

결국 사형에 처하게 되기도 한다. 이슬람권은 예수님을 믿는 일로 인해 살인까지 일어나지만, 법으로 이런 자들을 막을 수가 없다.

그뿐만 아니다. 우리 사회에서는 어떠한가. 직장 상사의 위협이나 동료들의 따돌림 같은 보이지 않는 세력들이 성도들의 믿음을 노린다. 위협뿐만이 아니다. 사단의 세력은 성도들을 유혹하는 많은 것을 준비한다. 핍박이 없다면 유혹으로 성도들의 영혼을 탈취하려는 세력이 존재하는 것이다.

술과 마약, 음란한 문화, 우상 숭배, 인터넷 중독, 비방적인 댓글. 이러한 유혹과 억눌림을 조장하고 부추겨 분노하게 하고 절망하게 하고 낙심하게 하여 살인하고 서로를 헐뜯고 자살하게 만드는 수없이 끔찍한 일들이 주위에 일어난다. 성도들을 영원한 죽음으로 몰고 갈 수 있는 길을 수만 가지 수억 가지로 양산해 내고 있다.

예수님은 이러한 핍박과 유혹을 일곱교회 서신에서 모두 계시하신다. 육적인 바벨론 두아디라, 영적인 바벨론 사데, 영육간에 부요하게만 보이는 라오디게아, 많은 부흥을 했으나 첫사랑을 잃어버린 에베소 교회,

사단의 회가 있는 서머나, 사단의 위가 있는 버가모. 그 지역이 가지고 있는 영적인 특성들은 싸움의 전략과 상대를 특정 짓는다.

그렇다면 먼저 영적으로 싸워야 할 적들을 살펴볼까.

에베소 교회는 니골라 당의 교훈을 따르는 자들이 있었고 자신을 거짓 사도로 가장하는 자들이 있었다. 다행히 에베소 교회 사자는 이들을 분별하고 가려내는 데 탁월한 사람이었다.

그러나 가장 위험한 적은 사자인 당사자 안에 있다는 것을 알 수 있다. 그는 자신에게 맡겨진 사명에 너무 몰두한 나머지 예수님과의 첫사랑을 내팽개쳤다.

언젠가 천국과 지옥을 체험한 사람의 이야기를 들은 적이 있다. 물론 그가 하는 이야기를 다 신뢰할 수는 없으나 그의 말 중 매우 요긴하게 들리는 것이 있어 참고로 기록한다.

'사단은 어쩌면 우리가 교회 활동을 하고 매주 교회를 착실히 참석하며 매주 아이들을 가르치고 전도를 하게 내버려 둘 수도 있습니다. 그러나 단 하나. 사단이 막는 것이 있다면 그 성도 안에 예수 그리스도가 함께 사시는 일일 것입니다.'

이 얼마나 무서운 이야기인가. 예수님은 에베소 교회 사자에게 역설적인 말투로 이야기하신다.

'네가 이것도 잘하고 저것도 잘하고 다 잘하였다. 그러나 이 모든 것이

다 무용지물이란다. 왜냐하면 넌 나와의 첫사랑을 잃어버린 채로 일했기 때문이지.'

예수님의 이 말씀은 위의 천국과 지옥을 갔다가 온 그의 말 즉, 사단이 원하는 것과 정면으로 대조되는 말이다. 사단은 우리가 행위로 이것저것을 완벽하게 해내는 것을 막을 수 없다면 막지 않을 것이다.

다만 예수님과의 사랑을 그가 잊어버리게 할 것이고 곧 잃어버리게 만들 것이다.

예수님과의 사랑이 그 안에 없다는 것은 곧 예수님이 그 안에 없다는 뜻과 같다. 이는 모든 교회가 경계하고 새겨들어야 할 우리 안의 무서운 적이다.

이 적은 우리가 예수님께 온전한 영광을 돌리지 못하게 한다. 누구든 사람이라면 자신이 한 모든 일에 대하여 이 땅에서 영광을 받기를 원하는 본성이 있다. 사단은 우리 안에서 이러한 욕망을 부추긴다.

사랑을 잃음으로 이보다 더 교묘하게 다가올 수 있는 상황의 실체는 사자에게 있어 예수님을 사랑하는 것보다 사명을 이루는 것이 앞섰다는 사실이다. 이 또한 모든 교회가 반드시 알아야 할 실체다. 무엇이든 하나님보다 앞서는 것은 우상 숭배다. 아무리 거룩한 사명이라고 해도 예수님을 사랑하는 것보다 더 사랑할 수는 없다.

만약 그렇게 된다면 그 사명은 이미 실패한 것이다. 우리는 둘 중 하나를 택해야 한다. 바로의 군대냐 하나님의 진영이냐. 어떤 진영에 우리가

서 있는지를 우리는 날마다 살피고 또 살펴야 한다. 이것을 우리 힘으로 할 수 없다.

다만 우리는 예수 그리스도를 사랑할 뿐이다. 다른 길은 없다.

또 다른 사단의 세력은 교회 안에서 거짓말을 하는 무리들이다. 거짓 사도, 거짓 유대인, 거짓 선지자 등이다. 이들은 교회 안으로 가만히 들어온 교회 안의 적이다.

교회 안으로 몰래 들어와 교회를 분열시키고 사도들과 예수님이 전하여 주신 복음의 본질을 흐리고 세상과 타협하도록 유도하는 실제적인 인물들이다. 이러한 자들이 가르치는 교훈이 바로 니골라 당의 교훈, 발람의 교훈이라고 할 수 있다.

니골라 당의 교훈 즉, 발람의 교훈은 매우 위험한 교훈들이었다. 이는 사도 바울이 말한바 '우리가' 전하여 준 복음 외에 다른 것을 전하는 이단적인 복음 중 하나였다.

이 교훈은 세상의 핍박이 견딜 수 없을 만큼 고통스럽기 때문에 선택하기보다 세상의 편리함을 함께 누릴 수 있기에 택하게 된다. 이 말이 자칫 당시의 교회가 가진 상황에 비해 조금 비약된 말이 아닌가 하지만 이에 대한 중심을 예수님은 한 구절로 요약하신다.

'모든 교회가 나는 사람의 뜻과 마음을 살피는 자인 줄 알찌라.'

두아디라 교회 서신에서 예수님이 하신 말씀이다. 결국 그들이 선택한 이단적인 복음은 너무 괴로워서가 아니라 그들의 심령 깊은 곳에서 이미 바로의 진영, 로마의 군대 곧 세상을 택했기 때문이라는 것을 말씀하신다.

그렇다면 니골라 당의 교훈, 발람의 교훈이 무엇이었느냐. 그것은 예수님의 구원도 얻고 세상의 즐거움도 취하는 양다리 교훈이었다.

그들은 예수님이 이미 인류의 모든 죄를 십자가에서 책임지시고 해결하셨으니 사람이 한 번 구원을 얻은 후 그 뒤로 계속 죄를 지어도 영원한 구원을 얻을 수 있다는 어처구니 없는 논리를 펼친다.

우상 숭배를 해도 음행을 해도 한 번 얻어진 구원은 영영 잃어버릴 리 없을 것이라고 미혹했다. 니골라가 그러했고 이세벨이 그랬다.

그때뿐 아니라 그때로부터 지금까지 수많은 그리스도인들이 이와 같은 잘못된 복음에 흔들리고 있다.

물론 예수님은 우리의 모든 죄를 지고 십자가에 달려 돌아가셨다. 그러나 그 십자가는 언제나 우리의 현재에 적용되어야 한다. 우리의 미래의 죄는 예수님이 책임지셨을지라도 그 미래에서 뛰는 선수는 우리 자신이다.

믿음은 현재에 적용되는 것이지 과거에 흘러갔던 믿음이 미래에도 적용될 수는 없기 때문이다. 현재는 어제도 다가왔지만, 오늘도 현재일 뿐 아니라 내일도 현재가 된다.

따라서 과거에 믿었던 믿음은 없는 것과 같이 여겨야 한다. 어제 성령 충만했다 해서 오늘은 그럴 필요가 없다고 성경은 말하지 않는다.

우리는 매일 죽어야 하고 매일 예수님을 만나야 하고 오늘 지은 죄를 용서받아야 한다. 오로지 이러한 과정에서 성화가 이뤄지며 주님이 원하시는 사명을 완수하고 예수님의 사랑을 지켜낼 수 있다.

하나님의 은혜를 죄의 자유를 누리기 위하여 취하는 자는 결코 그분의 은혜를 얻게 되지 못할 것이다. 그에 따라 구원도 얻지 못하게 될 것이다. 현재가 쌓여 미래가 되는 것을 잊지 말아야 한다.

하나님은 중심을 달아 보시는 분임을 잊지 말아야 한다. 믿음의 결국이 구원임을 잊지 말아야 한다.

앞서 말한 바와 같이 가장 큰 적은 우리 안에 있다. 사단의 세력은 결코 우리의 의지를 무시한 채 접근하지 못한다. 교훈을 받아들이는 것도 오로지 인간의 의지가 있어야만 가능하다는 뜻이다.

교훈과 미혹의 정도가 어떠한지 아는 것도 중요하지만 무엇보다 그것을 받아들이지 않겠다는 강한 의지를 키워나가는 것이 중요하다. 이에 있어 예수님의 사랑과 그 사랑 안에서 자라나는 그리스도인의 성숙이 얼마나 중요한지를 알 수 있다.

이에 더하여 이세벨의 세력이 가져다주는 사단의 깊은 것 또한 이와 같은 맥락이라고 볼 수 있다. 오직 예수님의 말씀을 먹고 마시려 애쓰고 힘쓰는 자들은 사단의 깊은 것을 알려 하지 않는다.

그러나 사단은 인간이 욕망을 채우기 위해 온갖 핑계를 끌어다 쓴다는 것을 알고 있다. 적을 알아야 백전백승이다. 그 세계가 무엇인지를 알아야 하지 않겠느냐며 유혹한다. 그들이 유혹하는 이유는 그 유혹에 빠지면 빠져나오기가 얼마나 힘든지를 알기 때문이다.

또한, 그들이 이 유혹에 빠지는 진짜 이유가 이기기 위해서가 아닌 그 유혹을 경험해 보고 싶어서라는 것도 알고 있기 때문이다.

두아디라와 같은 화려한 곳에서 이러한 유혹에 빠지지 않기란 얼마나 힘든 것인지 주님은 아셨다. 그것을 짐이라고 표현하신 것을 보면 그러하다.

이세벨은 매우 위험한 거짓 선지자였다. 그녀의 하는 말이 척척 들어맞을 때도 있고 때론 기사와 이적이 나타나기도 했다. 이러한 존재 때문에 그녀가 주장하는 니골라 당의 교훈이나 발람의 교훈이 더욱 힘을 얻게 되었다. 하지만 주님은 이러한 존재들의 이적과 기사에 속지 말고 오로지 복음 하나에 목숨을 걸라고 말씀하셨다.

이 같이 거짓말하는 거짓 선지자가 있었다면 교회 안에서 마귀가 된 세력도 있다. 서머나 교회 같은 경우 '너희 중에 마귀가 된 자들'은 마치 예수님을 팔았던 가룟 유다와 같은 자들이다. 거짓 형제이자 고자질하는 자이며 사단에게 형제를 팔아넘기는 사람이다.

이런 이들은 교회 안에서 성실히 직무를 행하는 것처럼 보이기도 하고 성도의 도리를 다하는 것처럼 보이기도 한다. 그 때문에 이런 자들을 교회 안에서 가려내기란 여간 어려운 것이 아니다.

이런 이유로 예수님은 이와 같은 세력에 있다는 것을 경고하신다. 이러한 실체를 알아낼 방법도 오직 매일 예수 안에서 살고 자라나서 하나님의 뜻을 분별하고 성숙하는 것에서부터 온다.

이젠 핍박의 실체들을 살펴볼까. 예수님은 그들을 사단의 회 혹은 사단의 위라고 명명하신다. 사단의 모임, 사단의 보좌에 앉은 자들이 있는 영적인 지대를 직접적으로 밝히신 것이다. 그들은 교회의 성도들을 감옥에 가두기도 하고 죽이기도 하고 고문하기도 한다.

그들은 겉으로는 유대인들처럼 보이나 실제로는 아닌 자들이다. 바울이 이러한 자들의 핍박에 의해 죽었고 예수님이 돌아가셨으며 다른 믿음의 사람들도 그들의 입과 손에 죽어 나갔다. 사단은 유대인 혈통을 이용했고, 그것을 자신의 편으로 끌어들여 예수님의 교회를 박해했다. 물론 모든 유대인의 혈통이 그렇다는 것이 아니다. 그 혈통을 자랑으로 삼는 자들, 하나님의 사랑보다 혈통과 선민의식을 더 앞세우는 욕망의 사람들을 사용했다는 뜻이다.

지금의 교회에서도 이런 자들이 있을 수 있다. 처음엔 이스라엘이라는 선민의식을 이용하여 진정한 그리스도인들을 죽이고 고문하고 학대했다. 그 후 사단은 중세 카톨릭에게 눈을 돌리고 그들에게 권력을 부여하여 엄청난 살상을 저질렀었다. 이러한 교회 내 권력은 사단의 모임이 될 수 있는 강력한 자리가 될 수 있음을 예수님은 서신을 통해 말씀하신다.

사단은 교회 내에서만 활동한 것이 아니었다. 로마의 황제들, 로마의 통치자들 곧 사단이 준 보좌에 앉아 있었던 많은 이들이 그리스도인들을 핍박했다.

이후 많은 제국들이 그러했다. 프랑스의 정치가들이 카톨릭 종교인들과 손을 잡고 위그노(프랑스 개신교도들)들을 무참하게 살해한 것이나 이슬람 국가들의 지금도 진행되고 있는 핍박, 공산권 치하의 그리스도인들 같이 나열하기도 힘든 제국들의 핍박이 있었다.

그들은 예수님을 먼저 죽였다. 예수님은 유대인들에 의해 고발당하고 핍박을 받았다가 로마인들의 손에 죽었다. 이와 같은 세력이 사도들을 죽이고 교회를 핍박했다. 그럼에도 이는 이상한 일이 아니다. 이는 성경에서 이미 예언된 바다.

어찌하여 열방이 분노하며 민족들이 허사를 경영하는고 세상의 군왕들이 나서며 관원들이 서로 꾀하여 여호와와 그 기름 받은 자를 대적하여 우리가 그 맨 것을 끊고 그 결박을 벗어버리자 하도다(시 2:1~3)

조그만 나라 이스라엘에서 난 한 사람을 로마가 나서서 죽이고 민족이 나서서 핍박했다. 그리고 그를 얼마나 미워했는지 그의 제자들을 죽이고 그들의 제자들도 죽였다. 이러한 일은 지금도 일어나고 있는 일이다.

진짜 그리스도의 사람들은 세상의 미움을 받으며 살아갈 수밖에 없다. 언제나, 항상 영적인 전쟁을 하며 살아가는 사람들이 바로 그리스도인들이라고 할 수 있다.

그러나 무엇보다도 가장 큰 적은 우리 내면에 있다. 우리 자아다. 우리 자아는 결단코 예수님과 하나님과 화합할 수 없다. 우리가 거듭나지 않는 한 아니, 그 자아를 예수 그리스도의 십자가에 죽이지 않는 한 하나님의 영과 함께 살 수가 없는 것이다.

이 때문에 사단은 어떻게 하면 우리가 자아를 십자가에 못 박지 않고 죄와 함께 살게 할까를 궁리한다. 이것이 사단의 가장 큰 전략 중 하나라고 할 수 있다.

또한 만일 누군가가 십자가에 자아를 못 박아 거듭났다고 해도 더 예수님과 함께 하지 못하게 방해를 놓는다. 예수님을 믿고 거듭나 성령을 받고 나서도 성령을 소멸하는 일은 얼마든지 가능하기 때문이다.

사단은 이것을 이용한다. 어떤 이는 성령의 말씀 하시는 것을 깨닫지 못하고 자신이 원하는 일에만 몰두하여 하나님과 상관없는 사역을 한다. 에베소 교회 사자가 그러했다.

어떤 이는 너무 많은 것을 알아버린 나머지 더 이상 하나님을 알 필요가 없다고 여긴다. 라오디게아 교회 사자가 그러했으며 또 어떤 이는 자신이 세워진 교회의 명성을 위해서만 일하고 있었다. 사데 교회 사자가 그와 같았다.

겉으로 부요하거나 핍박이 그리 많지 않은 교회엔 유혹이 몰려든다. 그 대신 부요하지 않으면 가난하여 힘들고 핍박이 많으면 고통을 견디느라 힘들다.

능력이 적으면 절망에 빠질까 걱정되고 능력이 많으면 교만이 그를 하나님과 멀어지게 할까 걱정이다. 일곱 교회의 상황 중 어디도 편한 곳은 없다. 모든 영적 싸움이 위험하고 험난하며 절망스럽다. 마치 지뢰밭을 지나는 것처럼 두렵기 짝이 없다. 핍박이 많은 곳도 유혹이 많은 곳도 우리의 영혼들을 잃어버릴 수 있는 무서운 전쟁터다.

중요한 건 예수님

이 글을 쓰고 있는 나는 슬며시 웃음을 짓는다. 그동안 온 세상이 달려들어 사방으로 예수 그리스도와 하나님과 그의 성도들을 죽이려 하고 핍박하려 하고 유혹하여 넘어지게 하기 위해 최선을 다했다는 사실에도 불구하고 말이다. 실제 세상은 많은 성도를 죽였고 핍박했고 유혹에 넘어지게 했다.

　그런데 이것을 아는가.
　예수님의 명성은 단 한 번도 땅에 떨어진 적이 없었다. 그의 탄생을 온
세상이 매년 기뻐하고 그의 제자들은 매일 수 없이 일어나고 있으며 그
를 위해 목숨을 걸고 인생을 거는 사람들은 지금도 동시에 수천만의 아
기가 태어나는 것처럼 태어나고 있다.

　자그마치 2000년이 넘도록 세상에서 가장 작은 나라 이스라엘의 볼
품없었던 목수는 영광의 왕이 되어 우리들의 가슴 속에서 통치하고 있
다. 그가 졌던 끔찍한 십자가를 함께 지겠다며 선언하고 누군가는 실제
따라나서고 그의 이념을 품고 나타내며 살아간다.
　예수님은 아셨다. 그분의 실제가 교회 안에 머물 때 그 어떠한 유혹과
핍박도 넘을 수 있으리란 사실을 말이다. 그 때문에 예수님은 자신의 모
습을 서신의 제일 처음 계시하셨다.
　교회의 종들을 붙드시고 교회 가운데 행하시는 분(에베소), 모든 시간
의 주관자가 되시고 죽음을 이기셔서 영원히 사시는 분(서머나), 말씀으
로 싸우셔서 승리하시는 분(버가모), 모든 것을 보시고 모든 곳에 임재하
시며 하늘과 땅을 연결하신 하나님의 아들이신 분(두아디라), 교회에 성
령을 주시며 종들의 주인이 되신 분(사데), 하나님이 구별하신 실제적 구

원의 주인이시며 그가 행하고자 하시는 것은 반드시 이루시는 분(빌라델비아), 모든 것을 마치시고 하나님께 충성하시고 인류가 가진 모든 시간의 모든 사건을 증언하시며 하나님의 창조에 참여하시고 그 창조의 근본이 되신 분(라오디게아)이 바로 예수 그리스도시다.

누가 감히 이러한 그의 위엄에 도전할 수 있으랴. 누가 감히 그의 권세를 능히 넘을 수 있으며 누가 감히 그의 능력에 접근할 수 있으랴.

우리가 이와 같은 예수님의 위세를 안다면 세상의 어떠한 세력도 그분에 비할 수 없다는 것을 느끼게 될 것이다. 교회는 믿어야만 한다. 그가 얼마만큼 크신 분임을. 이것을 쓰고 있는 나 스스로도 다짐한다. 제발 이토록 엄청난 예수님을 실제로 현실에서 믿어주기를 말이다.

그래서 우리는 예수님의 전략을 믿어야 한다. 적재적소에 순종해야만 한다. 전쟁터에서 가장 멍청한 짓은 유능한 장군의 명령에 따르지 않는 것이다. 따르기를 게을리하는 것이다.

예수님이 서신에서 말씀하시는 진리는 책망하고 꾸짖는 의도가 아니라 상황 설명을 하시는 것이다. 지금 이러이러한 상황에 네가 있다. 그래서 위험하다.

첫사랑을 잃었기에 위험하다, 마귀의 핍박이 있기에 대비하라, 네가 있는 곳은 사단의 회가 있는 곳이거나 혹은 사단의 위가 있는 곳이다. 잘못된 교훈을 가르치는 자들이나 사단이 주는 거짓 이적을 펼치는 자들이 있다.

우상의 제물과 음행이 너를 지옥으로 몰고 가고 교회를 음부로 끌고 가고 있구나. 사단의 깊은 것은 피하거라, 너는 너의 영적인 상태가 지금 거의 죽음에 이르렀다는 것을 알지 못하는구나, 네 앞에 열린 문이 있구나, 거짓말하는 가짜 유대인에게 속지 말거라, 네가 가진 것을 빼앗을 자가 오겠구나. 너의 생각에 사로잡혀 있지 말아라, 넌 부자가 아니다, 오히려 곤고하고 가련하고 가난하고 벌거벗었고 눈이 멀었구나, 나는 네 문앞에 서서 문을 두드리고 있다.

이러한 상황에서 예수님은 이길 수 있는 여러 방법을 제시하신다. 회개하라, 기억하라, 두려워 말라, 죽도록 충성하라, 거짓된 자들을 가려 내어쫓으라, 용납하지 말라, 사단의 깊은 것을 알려 하지 말라, 일깨어라, 네가 가진 것을 지키라, 나의 것을 사라, 열심을 내라, 문을 열고 나와 함께 하자.

이길 수 있는 가장 중요한 방법은 이 말씀이다.

'귀 있는 자는 성령이 교회들에게 하시는 말씀을 들을찌어다.'

이보다 더 중요한 말은 없다. 주님이 하신 명령은 다 중요하지만 특히 이 마지막 말이 가장 중요하다. 홍해를 건널 때 언제 가만히 있어야 하고 언제 나아가야 할지를 말씀하실 수 있는 분은 오직 우리 안에 내주하시는 성령님뿐이다.

우리의 이김은 거기에서 온다. 다른 길은 없다. 그가 예수님이고 하나님이다. 그분들의 뜻을 그분들의 지혜를 가장 잘 아시는 이가 성령이시며 그분 자체가 하나님의 능력과 예수님의 권능이 되신다.

우리는 다 이긴 게임을 살아가고 있을 뿐이다. 제발 이 말을 믿자. 나도 믿자!

두 가지 이김

우리의 이김은 크게 둘로 나뉜다. 하나님의 나라로 가는 화려한 티켓과 그 나라 안에서 누리는 영원하고 찬란한 삶이다. 생명나무의 실과, 둘째 사망의 해를 받지 않는 것, 하나님의 말씀을 열람할 수 있는 열람권과 비번을 받는 것은 우리가 천국으로 들어갈 티켓과 시민권에 관한 것이다.

이를 얻기 위한 우리의 실제적인 행위는 오로지 성령의 음성에 귀를 기울이고 그 음성이 말하는 대로 사는 것이다. 이 행위는 우리가 숨 쉬고 살아가는 동안 이뤄져야 하고 죽음 전에 이 행위를 따라 사는 자들은 이러한 거룩한 티켓을 얻어 영원한 주님의 나라의 문으로 들어갈 수 있을 것이다.

두 번째 이김의 모습은 한걸음 더 나간다. 두아디라와 사데와 빌라델 비아, 라오디게아 그리고 하나의 교회를 더하자면 서머나 교회까지 포함하여 주님이 보여주시는 이김은 거룩한 생활과 통치에 관한 것이다. 이 이김은 영속적이다. 한순간에 머무는 이김이 아니다.

천국의 문에 입성한 모든 이들은 더는 천국 바깥으로 나가지 않을뿐더러 나갈 수도 없을 것이다. 따라서 천국 입성만 목적으로 한 성령의 음성을 듣는 행위는 더 이상 필요가 없을 것이다.

그러나 통치를 하는 것, 거룩한 생활을 유지하는 것에는 반드시 성령의 임재를 필요로 한다. 우리의 이름이 영원히 유명해지는 것도 흰옷을 입어 거룩한 삶 안으로 매일 들어가는 것도 만국을 통치하는 일에도 생명의 면류관을 받아 많은 이들을 통치하는 것도 성전의 기둥이 되어 하나님의 일을 하는 것도(우리가 착각하는 많은 것 중에 하나가 천국에 들어가면 매일 놀기만 한다는 것이다. 우리는 그 나라에 가서도 많은 일을 매우 즐겁고 유쾌하게 하게 될 것이다.) 주님과 매일 붙어 주님의 통치를 함께하는 것도 성령의 음성을 듣는 일이 없이는 불가능하다.

우리가 이러한 자격을 얻는 것에는 어디까지나 세상에서 성령의 음성을 듣고 행하는 우리의 행위에 따른다. 그러나 이 자격으로 무엇을 어떻게 해야 하는지에 대해서는 우리가 아는 바가 없다.

다만 주님이 우리에게 가르쳐 주시는 것은 우리가 그 자격을 얻고 그 자격 안에서 행하는 행위는 오로지 성령이 가르쳐 주실 것이라는 점뿐이다.

우리의 영원한 구속은 단지 단번에 이뤄지는 죄 사함과 용서 그리고 천국에 들어가는 티켓을 얻는 데에만 국한되는 것이 아니다. 이 땅에서도 영원한 나라에 가서도 예수 그리스도와 함께 실제로 살아가며 그분과의 사귐을 보고 느끼고 듣는 것이다.

영원한 구속은 단지 용서받지 못할 죄인을 감옥에서 꺼내주신 현상에 있는 것이 아니라 꺼내주신 그 죄인과 깊은 사랑을 나누는 데 있다.

때로는 함께 걷고 때로는 고민을 같이 나누며 때로는 놀라운 일들을 함께 계획하여 그분이 내 것이 되고 내가 그분의 것이 되는 일이다. 사랑하는 상대를 서로가 구속한다는 말처럼 로맨틱한 말도 없을 것이다.

천국은 달라스 월라드 목사님의 말처럼 예수님이 임재하셨을 때 오신 것이 아니라 다만 그전에도 세상에 충만하였던 천국이 그때 비로소 사람들의 눈에 보이게 된 것뿐이다. 우리는 예수 그리스도를 통해 하나님을 실제는 보는 것과 같은 믿음을 가질 수 있다.

이 말은 우리가 실제 이 땅에서도 천국에 들어 앉은 것처럼 살 수 있다는 뜻도 된다. 실제 우리는 하나님과 손을 잡고 같이 길을 걷고 영화를 볼 수도 있게 된 것이다.

이 모든 이야기에서 강조해야 할 점은, 참 인간 예수인 그리스도를 믿는 것과 예수를 통해 마련된 죄 용서의 방편을 믿는 것 혹은 죄책을 제해 주는 자의 역할만 믿는 것은 엄연히 다르다는 사실이다.

달라스 윌라드 목사님은 다음과 같이 말씀하신다.

아브라함은 죽어서 천국에 갈 것인가? 물론이다! 하나님이 그런 사람을 달리 어떻게 하시겠는가? 하나님과 아브라함은 친구였다(<하나님의 모략> 중에서)

우리가 예수님을 죄 사함의 도구로 생각하느냐 혹은 진정한 친구로 생각하느냐는 하늘과 땅 차이다.

아브라함은 예수님이 십자가를 지시기 전 그러니까 그의 십자가의 승리로 인류의 죄사함의 사건이 있기 훨씬 전에 있던 사람이었다. 그러나 그는 하나님과 친구가 되었고 그것은 그의 믿음의 행위로서 증명되었다.

그는 자기 아들까지 하나님과의 관계의 걸림돌로 남겨두지 않았다. 그의 삶에 있어 하나님이 그에겐 최우선이었고 나머지를 모두 그에게 맡길 수 있는 신뢰를 '실제' 하나님께 보인 것이다. 그런 그를 어떻게 예수님을 믿지 않았다는 이유로 지옥에 넣을 수 있겠는가.

우리의 구원은 우리를 통치하신 그 분과의 친밀한 관계 속에서 이뤄지며 그 길이 이제 예수 그리스도를 통해 명확하게 세상에 드러난 것뿐이다.

우리가 아브라함보다 훨씬 더 복을 받은 것은 아브라함은 갈 바를 알지 못하고 하나님을 향한 믿음의 길을 갔으나 우리에겐 예수 그리스도라는 명확한 진리의 길이 있다는 사실이다. 하나님과 관계를 맺기 위해 갈 수 있는 빛나는 문이 우리 눈앞에 보이게 된 것이다.

일곱 서신에 나오는 이김은 그것이 천국에 입성하는 티켓이든 거룩한 생활이든 통치든 단 하나의 구절로 요약될 수 있다.

볼지어다 내가 문밖에 서서 두드리노니 누구든지 내 음성을 듣고 문을 열면 내가 그에게로 들어가 그로 더불어 먹고 그는 나로 더불어 먹으리라(계 3:20)

우리의 이김은 여기에 있다. 그 어떠한 것도 소용없다. 그저 주님과 함께 있는 이것을 기뻐하는 자들이 이기는 것이다. 이보다 더 확실한 상급이 어디에 있겠는가. 여기서 미리 천국을 맛본 자들이 천국에 들어간다.

누군가가 미리 천국을 맛보았다는 것은 이미 그분이 그를 아시고 그가 하나님을 안다는 뜻이기 때문이다.

꿩도 먹고 알도 먹는다던가. 두 가지의 이김은 바로 이런 경우를 두고 하는 말이 아닐까 한다. 아니, 솔직히 비교도 되지 않는다. 두 가지의 이김을 통해 우리는 세상 모두를 가지게 될 것이다. 그뿐 아니라 하나님을 우리 가슴에 영원히 간직하게 될 것이다. 이처럼 큰 행운이 어디 있을까.

이러한 행운이 이 글을 읽고 이김에 참여하기 위해 싸우는 모든 자들에게 있기를 소망한다.

Epilogue
이 글을 마치며…

예수님을 믿지 않았던 한 어린 자매가 예수님을 믿고 난 후 나에게
보내준 메시지를 잠깐 꺼내려 한다.

하나님을 액세서리를 달고 다니는 것처럼 사랑하지 않고 진실된 믿음
으로 사랑하고 싶어요…. 선악과를 먹은 사람이지만 그래도 진실되게
버릴 건 버리는 그런 사람이 되고 싶어요.

이 메시지를 받은 후 난 하나님께 너무나 감사하고 고마워서 한참을
울었다. 감격스러운 말이기도 했지만 동시에 나 자신에게도 다시 한번
경각심을 심어주는 말이었다. 그 아이 안에는 이미 하나님이 계셨다.
이런 고백을 받은 하나님은 당장이라도 그녀에게 달려가시지 않았을
까. 이제 그녀는 매일 이러한 마음을 되새기며 하나님을 향해 달려가야
만 할 것이다.
그녀의 이런 고백은 앞서 내가 말한 달라스 월라드 목사님의 말과도
일치한다.

예수님을 단지 천국에 들어가기 위한 티켓으로 보는 것이 아니라 그저 내가 좋아하고 사랑하고 싶어 하는 한 대상 그리고 진정으로 경배하고 섬겨 그분의 통치를 기쁨으로 받아들이는 대상으로 보는 것이 진정한 구원의 의미라고 말이다.

일곱 서신에 녹아있는 예수님은 제발 나와 사귀어 달라는 간청이다. 나의 통치를 믿어달라는 호소문이다. 나를 믿고 맡기기만 하면 이곳이 아무리 지옥 같아도 천국이 될 것이라는 약속이다. 그리고 우리는 실제 천국을 누릴 수 있으며 영원히 천국에 들어갈 수 있을 거라고 말씀하신다. 그것을 위해 주님은 온 힘을 다해 그분의 통치력과 권세와 능력을 피력하신다.

인기를 얻기 위해서가 아니라 한 사람의 마음을 얻기 위해서, 그분이 얼마나 대단한 분인가를 증명을 하시기 위해서가 아니라 우리들의 믿음에 힘을 더해주시기 위해서다.

내가 이 글을 시작하며 던졌던 질문들의 답은 이미 나왔다. 첫째, 어디서 이기는가? 우리는 우리가 있는 자리에서 이긴다. 그곳이 두아디라가 될 수도 있고 사데 혹은 서머나나 버가모가 될 수도 있다. 지역마다 사단이 역사하는 방식도 다르고 따라서 이기는 방식도 다르다.

두 번째, 무엇을 이기는가? 우리는 혈과 육을 상대하여 싸우는 자들이 아니다. 사단의 위와 사단의 회와 싸운다. 가장 중요한 것은 사단에 속아 넘어간 우리 스스로와 싸워야 한다. 이것은 우리가 어디서 싸우는지와도 연관된다. 적진의 형태에 따라 유혹의 형태도 달라지게 마련이다.

세 번째, 우리는 언제 이기는가? 그때는 알 수 없으나 예수님이 곧 오시는 것처럼 우리도 곧 이길 것이다. 시간은 이미 주님의 손에 있음을 믿어야 한다.

그럼에도, 여기에 나오는 해석들은 불완전하다. 아무리 성령께서 나의 손과 생각을 인도해 주셨다 해도 나의 게으르고 어리석은 천성이 그분의 완전하심을 방해했을 수도 있다고 생각한다. 그러나 이 또한 성령께서 하신 것이리라 믿는다. 때로는 우리의 불완전함까지도 그분의 완전함으로 바꾸시는 매우 능력 있는 전지전능하신 분이기 때문이다.

이 때문에 나는 이 글을 읽는 모든 이들이 성령 안에서 읽기를 원한다. 귀 있는 자들이 되기를 원하고 성령이 교회들에게 하시는 말씀을 듣기를 원한다. 그래서 결국엔 예수님 안에 당신이 거하고 당신이 예수님 안에 거하는 진정한 천국을 맛보기를 원한다.

　주님의 사랑은 세세 무궁토록 지속될 것이다. 달라스 윌라드 목사님의 말씀처럼 하나님의 부재를 잠시 허용했던 우주의 작은 부분-개인의 마음이나 정치적 사회적 영역 같은 - 들은 하나님의 때가 되면 그분의 나라로 채워지게 될 것이다.

　하나님의 충만으로 채워지는 충만을 볼 수 없는 우리로선 사단이 비집고 들어가게 허용된 - 우리의 의지로 말미암아 - 그 세계가 훨씬 실제적이고 커 보이고 능력이 많은 것처럼 느낄 수 있다. 그러나 우리의 시야 너머에 있는 거대한 실제는 예수 그리스도를 통해 우리 안에서 나타날 수 있다.

　오직 믿을 때만 가능하다. 오직 길이요 진리이신 예수 그리스도를 믿는 믿음 만이 천국과 우주와 하나님의 거룩하시고 충만한 임재를 보게 할 수 있을 것이다.

　들으라 그리고 믿으라, 읽으라 그리고 믿으라. 믿으라 그리고 행하라. 그러면 살 것이다. 우리는 이길 것이다. 우리는 영원한 나라에서 예수님과 하나님과 함께 성령 안에서 웃으며 서로를 보게 될 것이다.

　이 책을 읽는 모든 이들에게 예수 그리스도의 강권하시는 믿음이 임하기를 기도한다. 주 예수여 어서 오시옵소서. 아멘.